LA GRANDE - CHARTREUSE

Imprimé par Olivier-Fulgence et Cie, à Poissy.

LA

GRANDE-CHARTREUSE

LE MONT-BLANC

ET

L'HOSPICE DU GRAND SAINT-BERNARD

SOUVENIRS D'UN VOYAGE EN DAUPHINÉ, EN SAVOIE
ET EN SUISSE

PAR L. D. L. AUDIFFRET

PARIS

WAILLE, LIBRAIRE, RUE CASSETTE, 6.

1845

AVANT-PROPOS.

Nous ne manquons pas d'ITINÉRAIRES et de VOYAGES EN SUISSE ET EN SAVOIE. Les ITINÉRAIRES se piquent de fidélité; mais ils sont d'une sécheresse désespérante. Je ne crois pas qu'il y ait au monde quelqu'un qui, renfermé dans les quatre murs de son appartement, ose en entreprendre la lecture. Le touriste seul les recherche, car il trouve en eux un guide, un cicerone toujours à ses ordres. Les voyages amusent et quelquefois instruisent ; mais ils ne donnent que des notions générales sur les localités : à peu d'exceptions près, les détails leur échappent. Si on les prenait pour uniques compagnons de route, on parviendrait bien rarement à s'orienter.

J'ai voulu, en recueillant ces souvenirs, qu'ils tinssent tout à la fois de l'ITINÉRAIRE et du VOYAGE, afin qu'on pût les lire au coin de son feu ou les consulter, au besoin, dans ses excursions. De la Grande-Chartreuse à l'hospice du Grand-Saint-Bernard, je n'ai omis le nom d'aucune ville, d'aucun bourg, d'aucun hameau; j'ai essayé de peindre toutes les localités remarquables et quelquefois j'ai interrogé leurs chroniques, rappelé leur histoire, raconté leurs coutumes. J'aurai atteint le double but que je me suis proposé, si le lecteur sédentaire trouve dans mon livre quelques sujets de distraction, et le touriste des indications tellement précises qu'elles lui tracent pour ainsi dire le chemin.

Je considère comme une bonne fortune la découverte que j'ai faite au Prieuré de la lettre inédite de M. de Saussure, dont je donne copie textuelle. A l'aide des renseignements qu'elle renferme, de la tradition que j'ai recueillie sur les lieux mêmes, de la bouche des vieillards, et d'un certain nombre d'ouvrages peu connus que j'ai consultés, je suis parvenu à composer l'histoire des premières tentatives qui furent faites pour atteindre la cime du Mont Blanc. J'espère que ces détails offriront quelque intérêt. Le nom de M. de Saussure mêlé à mes récits suffirait, au besoin, pour me donner cette confiance.

LA

GRANDE-CHARTREUSE,

LE MONT-BLANC

ET

L'HOSPICE DU GRAND SAINT-BERNARD.

CHAPITRE PREMIER.

Départ de Grenoble — Voreppe — Saint-Laurent-le-Pont — Aspect général de la Grande-Chartreuse — Notions sur le Monastère.

J'étais arrivé à Grenoble le 22 août 1841. Le lendemain, à 9 heures du matin, j'en sortais par un temps affreux, me dirigeant vers Saint-Laurent-le-Pont, petit village situé à l'entrée des montagnes au sein desquelles se cache le monastère de la Grande-Chartreuse. Ma femme bravait à mes côtés une pluie dont le toit en saillie de notre prison roulante ne nous garantissait que fort imparfaitement.

Il ne nous fallut qu'une heure pour dépasser Voreppe et gravir la colline qui domine ce village. Le ciel s'était éclairci, des sites pittoresques se déroulaient autour de nous; à droite, nos regards plongeaient dans les sinuosités d'un vallon ; le hameau des Pommiers élevait la pointe de son clocher au dessus des grands arbres qui lui donnent son nom; des chalets se montraient comme des taches brunes sur le tapis vert des prairies; devant nous les premières montagnes de la Grande-Chartreuse bornaient l'horizon; sur leurs crêtes se dressaient de hauts rochers aux formes bizarres; une blanche vapeur ondoyait autour de leurs masses grisâtres, quelquefois cachant leur base et ne laissant voir que leur sommet, quelquefois les enveloppant tout entiers; à nos pieds, les briques rouges des toits de Voreppe s'enchâssaient dans un cadre de verdure; plus loin, sur le lit de la vallée, que nous avions traversée en quittant Grenoble, l'Isère grondait, écumeuse, entre deux bois de mûriers, d'ormeaux et de noyers, la vigne grimpait sur les branches des arbres, les étreignait de ses longs bras, les couronnait de ses fruits, et d'élégantes villas, à demi cachées sous une ceinture de charmille, ouvraient leurs vertes jalousies aux tièdes rayons du soleil.

Nous ne pûmes jouir longtemps de la beauté de ce paysage; le ciel s'obscurcit de nouveau, la pluie recommença à tomber avec violence et nous accompagna jusqu'à Saint-Laurent-le-Pont, où nous entrâmes à la lueur des éclairs et au bruit du tonnerre.

Saint-Laurent-le-Pont est la station obligée de tous les voyageurs qui se rendent à la Grande-Chartreuse; on dirait que c'est là son unique destination; c'est à coup sûr son unique mérite. L'auberge du messager de Grenoble réunit nombreuse société de touristes et de pèlerins. Les uns arrivent de

Lyon ou du Dauphiné, les autres de Chambéry ou même d'Aix-les-Bains. L'heure du dîner sonne ; tous les voyageurs courent à table, la conversation d'abord grave et mesurée roule sur la Grande-Chartreuse, c'est le thême obligé ; puis aux cliquetis des verres et des fourchettes, elle s'anime et s'égare sur toutes sortes de sujets : bals, concerts, spectacles, politique, romans nouveaux, chemins de fer. Le champagne amène les confidences, et tous les convives sont bientôt dans la plus douce intimité. A la fin du repas, il pleut encore ; grande délibération ; poursuivra-t-on son chemin ? séjournera-t-on à Saint-Laurent-le-Pont ? Les hommes s'inclinent devant la volonté des dames ; les dames sont décidées à tout braver. En avant ! devient le cri général. On s'affuble de couvertures de laine, on ouvre les parapluies, on enfourche les mulets et l'on part pour la Grande-Chartreuse, au risque de rester en route au milieu d'un bourbier.

Pour se faire une idée générale des sites que nous allons parcourir, il faut se représenter une immense chaîne de montagnes, coupée du nord au midi par un défilé transversal dont l'extrémité supérieure touche à la frontière de Savoie et l'extrémité inférieure aux riches campagnes du Dauphiné. Le défilé s'élève en pentes plus ou moins rapides selon l'inclinaison des montagnes. La Grande-Chartreuse et ses dépendances occupent son extrémité supérieure, Saint-Laurent-le-Pont son extrémité inférieure. Le Guyer-Mort roule de l'une à l'autre sur un lit de rochers, de marbre et de spath.

Au sortir de Saint-Laurent-le-Pont la route est riante et facile. Après trois quarts d'heure de marche on passe sous d'énormes rochers qui surplombent et l'on aperçoit la porte de Fourvoieries, petite ouverture percée en cintre dans un vieux bâtiment qui resserré entre le Guyer-Mort et des rochers à pic, est censé garder l'entrée de la partie des montagnes connues sous le nom de désert. Sur la rive opposée du torrent, l'attention est attirée par une vaste usine construite depuis quelques années. Elle est aujourd'hui abandonnée et toute en ruines. Lorsque la flamme de ses fourneaux s'échappait par ses larges ouvertures teignant de pourpre les eaux du Guyer-Mort, et que deux cents hommes à demi nus y tordaient le fer, le touriste, ramené un moment à ses souvenirs mythologiques, devait songer en passant, aux Cyclopes, à Vulcain, aux forges de Lemnos :

Illi inter sese multâ vi brachia tollunt
In numerum, versantque tenaci forcipe massam.

VIRG. *Æneid.*

Une lieue plus loin, après avoir traversé le pont Pérant, on arrive à la seconde porte du désert. Celle-ci encore plus humble que la première n'est qu'une ouverture pratiquée sans beaucoup d'art dans un mur en pierres sèches; elle s'appuye sur le pic de l'Oreillette dont elle tire son nom; pic svelte, vêtu de mousse et de plantes parasites, vers le milieu de sa hauteur, et qui se termine en flèche aiguë. Elle fut construite, dit-on, pour s'opposer aux excursions de Mandrin. Si cette tradition est exacte, il faut rabattre beaucoup de la haute réputation qu'a laissée ce chef de voleurs. Nos Mandrins d'aujourd'hui n'en auraient pas pour une enjambée.

A une faible distance du pic, la route incline à gauche, et s'éloignant du Guyer-Mort, atteint une plate-forme angulaire où une croix de bois peinte en vert vous avertit de la proximité du monastère : c'est comme une sentinelle avancée qui invite le voyageur au recueillement. De la plate-forme on aperçoit le vallon de Vallombrée et au dessus les bâtiments de la Courrerie qui sont une dépendance de la Grande-Chartreuse. Un père procureur les habite sous le nom de Dom Courrier. A deux cents pas de la plate-forme le torrent se cache dans le vallon de Vallombrée ; les sapins se rapprochent et s'arrondissent en voûte sur le chemin, le paysage s'assombrit et le malheureux touriste qu'une pluie glaciale s'obstine depuis deux grandes heures à percer jusqu'aux os, double le pas en soupirant, tant il a hâte d'arriver au monastère.

Enfin, on entre dans une clairière légèrement inclinée. La Grande-Chartreuse se présente tout-à-coup à votre droite la façade tournée à l'orient ; l'architecture de ce monument est simple et austère. C'est un rectangle qui s'allonge dans le sens de la clairière. Ses murs gris, sa toiture d'ardoise s'harmonisent avec le vert sombre de la forêt, et les flèches de ses nombreux clochers avec les cîmes effilées des sapins. Sur la gauche une allée de hêtres et de bouleaux aboutit à un bâtiment qui sous le nom d'infirmerie sert de logement aux dames. A partir de ce bâtiment la clairière se rétrécit et se termine bientôt en pointe ; un nouveau défilé vous conduit en vingt minutes à la chapelle de la Vierge. Celle de saint Bruno est à cinq cents pas plus loin sur un rocher où les premiers chartreux construisirent leur oratoire.

La route que nous venons de parcourir présente des aspects d'une remarquable beauté. Nulle part, en Europe, la nature n'a déployé un plus grand luxe de végétation, une sève plus exubérante. Du brin d'herbe au grand arbre elle se montre forte, puissante, variée. Sur les bords du torrent, sur le versant des montagnes, sur leurs crêtes, des mélèzes et des sapins entremêlés s'élèvent, gigantesques, les uns chargés d'un feuillage épais et sombre ; les autres, plus antiques, étendant leurs bras couverts d'une double frange de mousse ; à leurs pieds ce ne sont que gazons épais, plantes vigoureuses, arbustes touffus. Le regard s'arrête souvent sur d'énormes rochers, les uns formant remparts le long du torrent ou de la route ; les autres s'élançant en flèches sur les sommités les plus élevées. Ces masses de calcaire semblent participer elles-mêmes, par un rare privilége, à la puissance de végétation qui les environne. Dans les fentes qui séparent leurs couches le vent a porté un peu de terre végétale et répandu une semence féconde. Une frêle plante s'en est échappée : un siècle après, elle est devenue un grand arbre suspendu sur le bord des abîmes ou s'élevant au dessus de la région des nuages ; pour le faire croître la Providence a mis plus de temps qu'il ne lui en a fallu pour fonder ou renverser des empires.

Le Guyer-Mort anime presque constamment la scène. Tantôt il bondit en cascades entraînant des fragments de schistes et de pyrites, lançant des nuages d'écume : tantôt il glisse entre ses rives verdoyantes comme un serpent sur le gazon d'une prairie. De distance en distance il semble endormi dans un gouffre ; mais tout à coup il se réveille pour bondir et se précipiter encore. Quelquefois une éclaircie de la forêt le fait apparaître dans toute sa sauvage beauté ; plus souvent il se laisse à peine apercevoir à travers les arbres qui descendent jusque sur ses bords. Partout vous entendez ses rauques mugissements, mêlés à la voix de l'orage ; ils remplissent la solitude d'une indéfinissable harmonie.

Entre la Grande-Chartreuse et la chapelle de St-Bruno il est aisé de remarquer que la nature a éprouvé d'horribles déchirements : des rochers ébréchés couronnent les hauteurs, des massifs de hêtres et de sapins penchés sur les précipices semblent prêts à ployer sous leur propre poids et à fondre sur votre tête. Le défilé n'est plus qu'une étroite crevasse où l'avalanche exerce quelquefois de terribles ravages. Les sommités qui l'environnent sont dominées par le Grand-Som. C'est un pic élevé de 3103 mètres au dessus du niveau de la mer. Il est rare que le soleil perce sa ceinture de nuages, mais quand l'horizon est entièrement serein on aperçoit de sa cime un magnifique panorama.

Toutes les montagnes dont on a côtoyé les flancs depuis Saint-Laurent-le-Pont et toutes celles qui s'étendent à l'entour tirent leur nom, comme le monastère même, du village de Chartreuse qui est assis dans une de leurs gorges les plus élevées. Elles font partie du Grésivaudan, cette riche et pittoresque, contrée qui se déploie sur les confins du Dauphiné et descend sur Grenoble en magnifique vallée. Tel souverain d'Allemagne échangerait sa principauté contre ce petit coin de la France. Aussi sa possession fut-elle longtemps disputée; les Romains, les Bourguignons, les évêques de Grenoble, les Dauphins du Viennois l'occupèrent tour à tour. Au commencement du XIe siècle elle fut concédée de nouveau aux évêques de Grenoble. En 1084, Hugues occupait le siége épiscopal, il en démembra le territoire de Chartreuse en faveur de saint Bruno et de ses disciples. Ceux-ci s'installèrent à l'extrémité du défilé, au pied du Grand-Som : une chapelle dédiée à la Vierge, un oratoire et quelques cellules en planches, tel fut le berceau d'un ordre qui, quelques siècles plus tard comptait cent-soixante-treize maisons et 3 millions de revenus. Mais il ne fut pas donné à saint Bruno de vivre paisiblement dans sa retraite. En 1089 le pape Urbain II l'appela à Rome; ses compagnons désertèrent aussitôt leurs cellules et n'y rentrèrent que longtemps après, sous la conduite de Lauduin, qu'il leur donna pour chef.

En 1133 par une nuit d'hiver, l'oratoire et les cellules s'écroulèrent sous le poids d'une avalanche, les religieux coururent les plus grands dangers. La chapelle de Marie resta seule debout pour attester la puissance de celui qui commande aux éléments. Guiguet était alors général de l'ordre, il fit bâtir un monastère sur l'emplacement qu'occupe le monastère actuel. Cet édifice fut ravagé par les flammes en 1328; et en 1372 le pape Grégoire II le fit réparer. En 1444 et en 1474, nouveaux incendies. Plus tard, et sous les généralats de Pierre Sarde, de Jérome Marchand et de Bruno d'Affringues il fut traité par les calvinistes à peu près comme il l'avait été par les flammes. En 1675 ce n'était presque plus qu'un monceau de ruines. En 1676 Dom Innocent Lemasson le fit rebâtir tel qu'il existe aujourd'hui.

Les chartreux sont tout à la fois cénobites et solitaires. S'abstenir de tout aliment gras, jeûner environ huit mois de l'année, ne porter que des vêtements de laine, coucher sur la paille, se lever toutes les nuits après quatre heures de sommeil pour aller chanter l'office divin, voilà les principaux points de leur règle. Autrefois, ils étaient tenus de se faire saigner cinq fois par an. J'ignore si cette coutume existe encore aujourd'hui. Ils reconnaissent un supérieur général qui gouverne l'ordre entier, un prieur qui dirige la maison, et un procureur qui s'occupe des affaires extérieures. Parmi les religieux, les uns sont pères, les autres sont frères : ceux-ci font le service du monastère. Leur costume est une tunique de laine à larges manches, blanche chez les pères, brunes chez certains frères, serrée par une ceinture et recouverte d'une sorte de dalmatique avec son capuchon appelée *cuculle*. Une fois par semaine il leur est permis d'aller se promener dans le désert, c'est ce qu'on nomme le *spaciment*; ils sortent du monastère les bras en croix : parvenus sur le point de la forêt désigné d'avance, ils s'embrassent et rompent le silence. Les uns errent solitaires sous les sapins, les autres s'asseoient en groupes sur les rochers. Ces fronts chauves, ces physionomies graves, ces tuniques blanches donnent à la solitude un aspect encore plus solennel ; ce sont les seules figures qui puissent s'harmoniser avec cet austère paysage.

Le temps et les circonstances ont altéré, en certains points, les conditions de l'ordre. Quand saint Bruno et ses compagnons parurent devant l'évêque de Grenoble, ils le supplièrent de leur accorder un coin de son diocèse où ils pussent, loin du commerce des hommes, se vouer exclusivement à Dieu. L'évêque en leur proposant les montagnes de Chartreuse, leur dit : « Vous n'y trouverez qu'un séjour affreux, repaire de bêtes sauvages. « Et cette perspective loin de les décourager les remplit de joie. Ils demandaient la paix de la solitude, rien de plus. Aussi dans l'acte de donation qui est arrivé jusqu'à nous, Hugues ne veut-il pas que les femmes et les gens de guerre se permettent de dépasser la porte de Fourvoieries, limite des montagnes. « *Auctoritate divinâ prohibeo ut feminæ per terminos vestros nullatenùs transeant, neque viri arma portantes.* » Aujourd'hui, cette prescription est complètement tombée en désuétude. Les femmes et les gens de toute condition ont pour logement l'infirmerie et le monastère. Le silence ne règne plus au désert ; à dix pas des cellules vous entendez quelquefois des propos mondains. Peu de pèlerins y vont dans un esprit de dévotion, on y accourt par curiosité, en guise de passe-temps, de distraction. Une joyeuse caravane part d'Aix-les-Bains, à l'issue d'un bal et s'abat dans la clairière : les dames en robe de soie, en chapeaux ornés de fleurs se promènent quelques instants dans les environs du monastère. Les hommes en habits noirs, en gants jaunes, pénètrent dans les corridors du cloître et reculent aussitôt. Puis, toute la troupe se réunit dans la salle de l'infirmerie. On s'assied, on se regarde tristement en disant : ce n'est que cela ? Et comme il faut s'amuser à tout prix, même dans les déserts de saint Bruno, à défaut de piano pour chanter et danser, quelquefois un jeu de cartes sort de la poche du plus prévoyant, une serviette tient lieu de tapis, et ces honnêtes dandys s'évertuent à tuer le temps à la Grande-Chartreuse, en présence des beautés les plus sublimes de la nature, des plus graves enseignements de la religion.

Heureusement il n'en est pas de même tous les jours. Si la plupart de ceux qui vont visiter la Grande-Chartreuse, ne le font pas dans des vues de piété, du moins presque tous y apportent la décence et le recueillement que la gravité du lieu commande. Les femmes, dont Hugues s'était tant méfié, y éprouvent en général des impressions austères, et souvent leurs remarques sont pleines de sens et d'élévation.

CHAPITRE II.

Excursion et séjour à la Grande-Chartreuse.

Dans les montagnes du Dauphiné, dans la vallée de Chamounix, au Grand-St-Bernard, et généralement dans toute la Suisse, les guides vous affirment, avec une stupidité remarquable, qu'on n'a rien de mieux à faire que de se laisser conduire par son mulet. Le mulet effleure la lisière du chemin, fait un détour inutile pour grimper sur un rocher ou s'enfoncer dans une fondrière; s'abat une fois, deux fois, vingt fois au bord d'un abîme; n'importe, pourvu que vous vous décidiez à ne contrarier aucun de ses mouvements, les guides sont prêts à vous jurer sur leur âme que nul accident n'est possible. Ceux que nous avions pris à St-Laurent-le-Pont n'avaient pas manqué de nous faire cette leçon, je n'en tenais nul compte. Le vent me disputait ma couverture de laine; la pluie fouettait mon visage et ruisselait sur mes vêtements; mon porte-manteau, mal assis en croupe, brisait mes côtes: c'était bien assez, et je ne voyais nullement la nécessité de joindre à tous ces agréments l'avantage de me mettre à la discrétion de mon mulet. Aussi mes efforts étaient-ils employés à le maintenir constamment au milieu du chemin. Le Guyer-Mort qui grondait à mes pieds me paraissait un meilleur conseiller que le plus avisé des guides de St-Laurent-le-Pont. Nous avions parmi nous une jeune Lyonnaise, douce et naïve créature, toute éblouissante de grâces et de fraîcheur, dont j'avais déjà vu la figure dans un tableau de l'Albane: elle croyait, l'innocente qu'elle était, en la parole de ces fanatiques montagnards, et ne s'occupait pas plus de son mulet qu'elle n'aurait fait de son attelage au bois de Boulogne dans un wurtz conduit par le plus habile cocher de France ou d'Angleterre. Entre Fourvoieries et le pont Pérant, l'animal prétendu infaillible fit un violent écart: ses deux pieds de devant dépassèrent la route et tombèrent sur un rocher en talus, tout juste au bord du précipice. Mademoiselle B...., c'est le nom de notre Lyonnaise, resta un instant suspendue entre la vie et la mort: une ligne de plus, et la brillante fleur des rives de la Saône se noyait dans les flots du Guyer-Mort. Heureusement elle se ravisa tout aussitôt; tandis que, saisi d'effroi, je mettais pied à terre pour lui porter secours, elle ramena doucement sa monture sur le chemin et en fut quitte pour la peur. Les guides ne s'étaient nullement émus. Le torrent l'aurait emportée morte jusques à St-Laurent-le-Pont, qu'ils auraient encore juré par l'infaillibilité de leurs mulets. Au pont Pérant nous trouvâmes trois touristes qui s'acheminaient aussi vers la Grande-Chartreuse. Ceux-là étaient de véritables touristes s'il en fut jamais, en blouse et casquette, sac sur le dos et long bâton blanc à la main. Ils faisaient paysage à l'angle de la route et du pont ; mais quand nous passâmes à côté d'eux, nous ne pûmes nous défendre d'un mouvement de pitié. Ces pauvres jeunes gens étaient transis, exténués de fatigue, à peine pouvaient-ils se soutenir sur leurs jambes ; le dos ployé sous le poids de leur garde-robe, et cherchant, vainement, pour se reposer, le moindre recoin de terre qui ne fût pas détrempé par la pluie, ils n'arrivèrent au monastère que deux grandes heures après nous. J'ai peine à croire qu'ils aient la prétention d'avoir fait un voyage d'agrément.

Nous arrivâmes à la porte de l'infirmerie sains et saufs ; c'était presque un miracle, vu l'abominable état des chemins que nous avions parcourus. On sait que l'infirmerie sert de logement aux dames, mais le règle ne défend pas d'y admettre les hommes jusques à huit heures du soir. Le frère Jean-Marie vint nous y recevoir. Il n'est pas indispensable d'avoir fait le voyage de la Grande-Chartreuse pour connaître le frère Jean-Marie ; il suffit d'avoir causé une seule fois avec quelqu'un qui l'ait visitée. Son portrait se grave dans la mémoire comme les lignes, la croix et les clochers du monastère, et il trouve sa place dans la conversation comme la description du monument; c'est qu'il y a un charme singulier dans ce petit vieillard à la tête chauve, à l'œil doux, au teint fleuri; qui, le corps penché vers la terre, fait les honneurs de la maison avec une aisance et une bonhomie pleines de grâces et de convenances. Sous sa blanche robe de chartreux, alerte, infatigable, il prévoit tout, dispose tout, suffit à tout. Vingt prières, j'allais presque dire vingt ordres, viennent l'assaillir en même temps. Son intelligence a deviné ce qu'on lui indique à peine; sa prestesse a exécuté en un clin d'œil ce qui semblait demander une heure: et jamais une ombre de mauvaise humeur! jamais un signe d'impatience! le sourire est toujours sur ses traits comme la paix dans son âme. Quand on me dira que le frère Jean-Marie ne sourit plus, je répondrai qu'il est mort.

Il nous introduisit dans une large salle parquetée, n'ayant pour tout mobilier qu'une table et quelques bancs en bois de sapin. Une société arrivée la veille y était installée et avait encombré la table et la cheminée d'albums, de brochures et de livres de toutes sortes. L'École des jeunes filles de madame Mélanie Waldor y avait pris place entre un journal de littérature légère et un roman d'Alexandre Dumas. Je ne m'attendais pas à trouver un cabinet de lecture à la Grande-Chartreuse. Une forêt profonde, un torrent écumeux, un monastère dans le désert; la foi, l'espérance et la prière dans la solitude me paraissaient d'assez belles pages pour qu'on ne fût pas tenté d'en demander d'autres à l'esprit d'un feuilletoniste ou à l'imagination d'un romancier. Nous nous approchâmes d'un grand feu. La salle de l'infirmerie subit une transformation nouvelle. De cabinet de lecture elle devint salon de conversation. Mais le frère Jean-Marie dut être content de nous, nos paroles n'eurent rien de mondain, nous ne sortîmes pas des précipices et des montagnes.

La pluie cessa enfin. Les dames se mirent à errer autour du monastère, qui est pour elles le fruit défendu : les hommes en franchirent le seuil. On nous donna pour Cicerone un frère de 40 à 45 ans, en tunique brune, d'une complaisance problématique, d'une politesse un peu équivoque, et ne répondant à nos questions que par une espèce de bourdonnement à peu près insaisissable; la largeur de sa poitrine attestait cependant la vigueur de ses poumons. A peine nous avait-il introduits dans quelque partie de l'édifice, qu'il se hâtait de donner le signal du départ. L'un de nous lui demanda s'il ne pourrait visiter l'intérieur d'une cellule : « Quand vous aurez la vocation d'y rester, » répondit-il. Les visiteurs, que l'on a mis en goût avec le riant visage et les affables manières de frère Jean-Marie, ont de la peine à s'habituer au laconisme du frère en tunique brune.

Le monastère se compose de deux grands corps de bâtiments placés l'un à la suite de l'autre. Dans le premier, quatre pavillons portant le nom de France, d'Italie, de Bourgogne et d'Allemagne, servent de logement aux étrangers: au fond d'un long corridor, on trouve le logement du supérieur général et la bibliothèque ; à droite, les cellules des officiers de la maison ; à gauche, la chapelle de famille, l'église, la cuisine et les dépenses. L'étage supérieur est occupé par la salle capitulaire, une grande galerie, et les cellules où les étrangers sont reçus pendant la nuit.

Le cloître forme le second corps de bâtiment ; il est bâti sur un plan incliné comme le terrain qui lui sert d'appui, et enfermé entre deux corridors qui communiquent aux cellules des religieux. Ces cellules ont toutes, nous a-t-on dit, un oratoire, un cabinet de travail, et sont séparées les unes des autres par un petit jardin. Le cimetière et la chapelle des morts sont au centre de l'édifice.

L'église mérite d'être vue ; elle est spacieuse et élégante dans ses proportions. Une claire-voie divise la nef en deux parties à peu près égales. Les stalles du chœur sont, les unes d'une grande richesse, les autres pauvres jusques à l'indigence. Je suppose que les moyens pécuniaires ont manqué pour les rendre toutes dignes d'attention. La chapelle de famille ne contient rien de remarquable. La bibliothèque renferme environ 5000 volumes, principalement relatifs à la science et à l'histoire. La salle capitulaire est décorée de tableaux représentant la vie de St. Bruno, et des portraits des généraux de l'ordre, peints à fresque dans des cartouches, alignés immédiatement au dessous du plafond. Dans la grande galerie on a suspendu, en guise de tapisserie, les plans des diverses chartreuses d'Europe. J'aime à supposer qu'à défaut d'autres, elles ont au moins le mérite de l'exactitude.

Il n'y a, dans le cimetière, qu'une seule croix de pierre; l'herbe y pousse en abondance. Les Chartreux ne sont pas tenus, comme les trappistes, de remuer sans cesse la terre qui doit recouvrir leur dépouille. La chapelle des morts n'a rien de lugubre. On pourrait lui donner toute autre destination qu'il n'y aurait rien à changer à ses ornements.

On ne s'enfonce pas dans un cloître, au milieu du silence et d'une demi obscurité, sans éprouver un sentiment de vague mélancolie. Nous remontions le long corridor, quand deux pères vinrent à passer à côté de nous : l'un était le supérieur ; son âge n'a point encore atteint la vieillesse, mais son front est grisonnant et son visage accuse les austérités de la vie ascétique; l'autre était un officier de la maison : ils marchaient le front penché vers la terre. Leur aspect nous fit tressaillir et nous nous inclinâmes en signe de respect. Le cloître est un tombeau où l'on prie : une cellule n'a pour horizon que l'éternité. Dans ce siècle d'égoïsme et de préoccupations matérielles, admirons ces hommes qui, s'isolant de nos passions et spiritualisant leur existence, marchent par la pénitence et la méditation à la conquête des biens dont la source n'est point ici-bas.

Voyager, c'est aller au devant des contrastes, des transitions subites. Du cloître rentrons brusquement dans la salle de l'infirmerie. Asseyons-nous devant une table servie par les mains du frère Jean-Marie. Georges IV trouvait que Carême était son meilleur médecin. On ne pourrait en dire autant du cuisinier de la Grande-Chartreuse, car les mets qu'il vous envoie sont bien maigres. Il est vrai que la règle l'ordonne ; mais où est la truite du Guyer-Mort dont on est si peu avare à St-Laurent-le-Pont ? Qu'est devenue la fraise du Grésivaudan, rouge et parfumée, qui vous rit sur la lisière du chemin ?

A partir de huit heures du soir, l'infirmerie devient un gynécée. Les hommes prennent congé des dames et se retirent dans les cellules d'un des quatre pavillons du monastère. Un lit, deux chaises, une table, une croix sur un prie-Dieu, le tout dans un espace de quelques pieds ; voilà ce qu'on y trouve, et c'est, au demeurant, tout ce qu'il faut pour passer une nuit : mais cette nuit commence péniblement. Les impressions graves de la journée se réveillent et chassent le sommeil pour longtemps. On prête l'oreille à la bise qui siffle dans les jointures de la fenêtre, au léger mouvement qui se fait dans la cellule voisine, aux pas mesurés d'un chartreux qui traverse le corridor. Dans la solitude tout fait bruit. Puis vient minuit : la cloche du monastère prend la volée ; ses tintements sourds et monotones appellent les religieux à l'office, et la tribune de l'église se peuple d'étrangers accourus à cette solennité.

J'arrivai le premier, et je m'agenouillai devant la balustrade. Une seule lampe veillait dans le sanctuaire, et ne dissipait pas les ténèbres qui l'enveloppaient. L'instant d'après une seconde lampe s'alluma, puis une troisième, et j'entendis une porte s'ouvrir. Les Chartreux entrèrent processionnellement ; ils tenaient chacun un flambeau à la main : l'enceinte fut illuminée. Ils s'installèrent lentement dans le chœur. Ces figures immobiles se dessinaient sur le fond brun des boiseries comme de blanches silhouettes, et quand les chants commencèrent, il me sembla voir un intérieur de Granet qui s'animait tout à coup. Un accord intime existait entre l'heure, le lieu ; ces vieillards, aux fronts austères, et ces graves psalmodies ; on sentait que la prière était pure de toute humaine pensée, qu'entre elle et le ciel il n'y avait ni bruit ni obstacle.

Sous le calme des impressions que j'avais recueillies, je pus enfin m'endormir dans ma cellule. Le matin, un horizon, dégagé de nuages, annonça une de ces belles journées que l'on rencontre si rarement dans cette contrée. En sortant du monastère, j'aperçus le sommet du Grand-Som, éclairé des premiers feux du soleil. La porte de l'infirmerie était encore fermée. Les dames avaient passé la la nuit sous la clef du frère Jean-Marie. Le frère Jean-Marie, qui prie tandis qu'elles dorment, ne saurait être tenu de se lever avec l'aurore. Mais cette séquestration de douze heures, qu'il leur impose de par l'autorité du supérieur, pourrait avoir de bien graves inconvénients. Les fenêtres de la maison sont élevées de quinze pieds au dessus du sol, grillées, hermétiquement fermées par un vitrage dormant. En cas d'accident, d'incendie, par exemple, que deviendraient les recluses? pas un seul de leurs cris ne parviendrait au dehors, et tandis que le frère Jean-Marie chanterait matines et laudes au monastère, elles périraient du supplice de Jeanne d'Arc. Il suffirait pourtant d'une simple cloche pour prévenir la possibilité de tout danger.

Dès que les dames eurent été rendues à la liberté, nous fûmes visiter la chapelle de St. Bruno et celle de la Vierge. On ne trouve partout sur le chemin que schistes plus ou moins argileux, mêlés et confondus avec la terre végétale, et reposant sur d'épaisses couches de calcaire. La Flore du désert, qu'il ne m'avait pas été permis de consulter la veille par le temps affreux qui régnait, me parut riche et variée. Nous vîmes quelques-unes de ces plantes qui portent le nom de St. Bruno, et produisent de magnifiques fleurs. Les montures et les conducteurs nous attendaient à la porte de l'infirmerie. A dix heures nous faisions nos adieux au frère Jean-Marie, à nos amis intimes de la veille, et, jetant un dernier regard sur le monastère, nous regagnions St-Laurent-le-Pont.

Le soleil brillait à l'horizon : ses rayons tombaient obliquement sur les pyramides de verdure, glissaient à travers le feuillage, éclairaient le tronc des grands arbres, puis, descendant jusqu'au fond du précipice, teignaient le Guyer-Mort de vives couleurs ; les pics projetaient des traînées d'ombres ; une fraîche brise secouait la chevelure des arbustes : des ruisseaux couraient de tous côtés ; des oiseaux chantaient sur les branches des épines-vinettes, sur les berceaux des coudriers, et des milans tournoyaient au milieu des airs pour disparaître l'instant d'après dans l'échancrure des rochers. C'était un beau spectacle, assurément, mais celui que j'avais vu la veille m'avait impressionné davantage. Le torrent, la forêt, les montagnes, aperçus à travers la pluie de l'orage et une gaze de vapeurs, toute cette nature mystérieuse et sombre, avaient une poésie plus saisissante, provoquaient des rêveries plus profondes, plus émouvantes. L'homme est ainsi fait : les peintures fraîches, gracieuses, éclatantes, ébranlent moins vivement son imagination que les scènes et les images de deuil. C'est qu'au fond de l'âme il y a la mélancolie, comme au bout de la vie il y a la mort.

CHAPITRE III.

Les échelles de Savoie — Arrivée à Chambéry.

Une chaise de poste, en Savoie, est souvent un sujet d'embarras : on est forcé de s'en séparer, ici, faute de chevaux, là, faute de chemins praticables. Une voiture publique a d'autres inconvénients. Il faut se mettre en route quand on voudrait se reposer, se reposer quand on voudrait partir ; subir un vis-à-vis qui vous souffle l'ennui sur le visage, un voisin qui ronfle sur vos épaules, et marcher quelquefois tout un jour au milieu des sites que l'on voudrait contempler, sans avoir même la faculté de les entrevoir, pour peu qu'il prenne fantaisie à une voisine de craindre la bise ou simplement l'air frais. Un voyage à pied me tenterait assez, mais ces pauvres touristes du pont Pérant étaient si malheureux! nous les avons laissés à la Grande-Chartreuse, cloués par la fatigue, dans le pavillon de France. Il n'y a donc que deux moyens commodes de voyager dans ce pays: le char de montagne, quand la voie a au moins six pieds de largeur, et le dos de mulet, là où il n'y a plus ou presque plus trace de chemin; le char de montagne n'a pas le moëlleux d'un wurtz, tant s'en faut, mais vous aurez du moins de l'air et de la vue à discrétion, pourvu, cependant, que vous ayez soin d'enrouler autour de leur tringle branlante les lambeaux de cuir, plus ou moins déchirés, qui pendillent en façon de rideaux. Si l'envie vous prend de vous arrêter en chemin, une fois, dix fois, vingt fois, le postillon sera patient. Vous descendrez de votre équipage et vous y remonterez sans embarras, car le marchepied effleure la terre; et vous arriverez sans encombre à votre destination, en dépit des blocs de rochers, des troncs d'arbres, des ravins et des torrents, toutes choses inévitables dès que vous abandonnez les grandes routes. Quant au mulet, n'étaient ses mouvements brusques et sa propension à vous laisser choir dans les précipices, le narrateur consciencieux n'aurait que des éloges à lui donner; mais, enfin, ce scabreux véhicule, ainsi que le char de montagne, laisse au voyageur toute liberté de partir, rester, voir, observer comme il lui plaît. Prenons donc le char de montagne de St-Laurent-le-Pont à Chamounix et le mulet de Chamounix au sommet du Grand-St-Bernard!

Il n'y a que cinq lieues de St-Laurent-le-Pont à

Chambéry, et vous pouvez les franchir en trois heures en passant par les Echelles. Au retour de la Grande-Chartreuse il convient de faire un copieux déjeûner à St-Laurent-le-Pont ; c'est un dédommagement du souper de la veille. Vous montez ensuite dans le char de l'aubergiste, et une demi-heure après vous êtes rendu aux Echelles, à moins, toutefois, que votre équipage n'ait volé en éclats sur la route au choc de quelque lourd charriot traîné par un attelage de bœufs. Le bourg qui porte ce nom est divisé en deux parties par le Guyer-Vif : l'un appartient à la France, l'autre à la Savoie. Béatrix de Savoie, qui épousa, en 1220, Raymond Bérenger de Provence, y était inhumée ; vingt-deux statues ornaient son mausolée ; il fut détruit en 1600 à la suite d'une bataille. La douane française nous arrêta à l'entrée du pont en bois qui joint les deux rives du Guyer-Vif. Un préposé toisa le coursier qui traînait notre phaëton ; l'opération faite, il la recommença : un second préposé vint la contrôler, puis ils se mirent tous deux à prendre son signalement avec autant de soin que s'il s'était agi d'un forçat libéré placé sous la surveillance de la haute police. La cérémonie terminée, notre postillon déposa une somme d'argent pour cautionner la rentrée en France de l'animal, et nous pûmes traverser le pont. La douane sarde nous attendait au débouché. S'il avait fallu un gros quart d'heure pour inspecter notre cheval, il était naturel de penser qu'il en faudrait au moins quatre pour inspecter nos personnes et nos bagages : il n'en fut rien ; les douaniers sardes connaissent le prix du temps. Un grand jeune homme vint à nous, chapeau bas :

— Où allez-vous ?

— A Chambéry.

— Votre nom ?

— Voici mon passeport.

— C'est inutile.

Je remis le passeport dans mon portefeuille.

— N'avez-vous rien qui soit sujet aux droits ?

— Voici les clefs de nos porte-manteaux.

— C'est inutile.

Je remis les clefs dans ma poche.

Là-dessus l'employé nous salua respectueusement en nous souhaitant un bon voyage. Vive la douane sarde ! elle est physionomiste celle-là : un coup-d'œil jeté sur la figure des gens lui suffit pour distinguer l'honnête homme du contrebandier. A peine avions-nous quitté le grand jeune homme, qu'un aveugle vint à passer à côté de nous ; il jouait sur sa vielle cet air : *Aux Montagnes de la Savoie*, que Fanchon le vielleuse mit en honneur en France vers le commencement de ce siècle. La plus suave cantilène d'Aubert nous aurait moins charmés que cette naïve mélodie des montagnes.

Au sortir des Echelles, la route est une des plus remarquables constructions de ce genre. Une rampe soutenue par des murs d'une grande élévation aboutit à une barrière de rochers qui était autrefois le rempart naturel de la Savoie. Ces masses d'une excessive hauteur, ont été sciées dans une étendue de plus de 2,000 mètres ; on les traverse d'abord dans un souterrain, puis à ciel ouvert. L'administration française commença ce fameux passage : il fut achevé en 1817 par le roi de Sardaigne.

Etroite, pierreuse et stérile, la vallée de Cous fait suite au défilé et laisse apercevoir, dans le lointain, la Dent de Nivolet. St-Jean-de-Cous, St-Thibaut-de-Cous vous montrent leurs carrières de grès, qui se détachent en lames pour couvrir leurs chétives habitations, ou en blocs compactes pour servir à faire des pierres de moulins. On rencontre ensuite la cascade de Cous si chère à Jean-Jacques Rousseau. En cet endroit la vallée s'ouvre et une pente douce vous conduit jusqu'à Chambéry au milieu des vignes suspendues en guirlandes à la manière d'Italie, le long des *hautains* arrondis en berceaux ou entrelacés aux branches de l'érable. On pourrait se croire dans les riches contrées de la Lombardie, si, çà et là, des champs de blé noir ne se chargeaient de dissiper l'illusion.

Chambéry est situé dans un bassin entouré de hautes montagnes calcaires. Il est traversé par l'Albane qui descend du mont Grenier et va se réunir à l'Alysse. Au XIIe siècle ce n'était encore qu'un château avec un bourg. Le comte Thomas Ier en ayant fait la capitale de ses états, le bourg reçut des priviléges et ne tarda pas à devenir ville. Mais ce titre de capitale ne fut qu'honorifique jusqu'au règne d'Amédée V qui y fixa sa résidence. Sous Amédée VIII, Chambéry fut témoin de grandes fêtes à l'occasion de l'érection de la Savoie en duché. François Ier y entra en février 1536. Vingt-trois ans plus tard, la paix de Cateau-Cambresis le rendit à à Emmanuel-Philibert. Henri IV, Louis XII et Louis XIV le firent occuper plusieurs fois et ce dernier le garda jusqu'à la paix d'Utrecht. Les Espagnols le prirent à leur tour en 1742 et ne tardèrent pas à l'abandonner. En 1792 il se réveilla un matin, chef-lieu d'un département français. Les événements de 1815 l'ont fait rentrer sous la domination de ses anciens souverains.

Vers l'année 1780, un homme natif de Chambéry, après avoir, jeune encore, parcouru l'Italie, la Corse, les îles de l'Archipel, la Grèce, les Indes et le Mogol, était allé offrir son épée au prince Marhatte Madlhadjy Sindhgah qui était en guerre avec les Radjahs voisins. Devenu général en chef des armées du prince, il défit ses ennemis dans la grande bataille de Djannah-Pannah. Cette victoire lui valut des présents considérables. En 1796, il quitta le prince Marhatte et apporta ses richesses à Chambéry. En revoyant ses rues tortueuses, ses maisons grisâtres, sa place de Lans irrégulière, son hôpital si peu aéré, sa promenade de Verney si étroite et son théâtre si enfumé, il se sentit saisi d'une noble ambition et se mit à lui prodiguer ses trésors. Une large rue s'ouvrit, étalant des façades uniformes et d'élégantes arcades ; un magnifique hôpital fut fondé sous la protection de saint Benoît ; la promenade de Verney s'élargit et prit le nom de Champ-de-Mars. Un théâtre s'éleva tout orné d'or et de capricieuses arabesques. Cet homme mourut après avoir achevé son œuvre de patriotisme. Sur une place publique à l'entrée de la rue aux élégantes arcades, en face du vieux château des ducs de Savoie, un buste se détache aujourd'hui d'un faisceau d'armes, en haut d'une colonne supportée par quatre éléphants de bronze ; sur le fût de la colonne, la reconnaissance publique a inscrit le nom du général de Boigne.

Indépendamment de l'hospice Saint-Benoît et de

son théâtre, Chambéry possède eucore quelques édifices qui méritent d'être remarqués. Sa cathédrale est d'architecture moyen-âge; j'aime les monuments de cette époque. Placés entre les civilisations grecques et romaines qui s'en vont et la civilisation moderne qui s'avance, ils tiennent de celle-ci par l'inspiration, des autres par les souvenirs. Toutefois le génie de l'architecte n'est pas toujours en rapport avec le génie de son siècle. La cathédrale de Chambéry manque de hardiesse et de grâce. La voûte serait d'un bel effet si elle était d'un teinte uniforme; mais je ne sais quel malheureux peintre, né d'hier, est venu la barbouiller de blanc mat, de bleu de Prusse et de terre d'ombre.

La sainte chapelle qui dépend du château n'a rien de curieux dans sa structure, son portail est d'un style ordinaire; mais ses marbres et ses vitraux attireraient l'attention, même dans la plus magnifique basilique. Le saint suaire y était autre fois conservé. Emmanuel II le transféra à Turin.

La chapelle du collége nouvellement restaurée est assez spacieuse, et ne manque pas d'élégance dans ses proportions. Mais je doute qu'elle ait beaucoup gagné à passer par la main des badigeonneurs.

A l'époque de l'occupation française, le gouvernement voulut fortifier la ville ; et au lieu de relever les remparts qui l'entouraient autrefois, il se contenta de construire de belles casernes bien aérées et assez vastes pour contenir un régiment. Quand on les aperçoit en entrant par la route de Grenoble, on éprouve d'abord un mouvement d'orgueil; mais il est bientôt suivi d'un sentiment de tristesse. Les carabiniers du roi de Sardaigne en gardent les portes. Le souvenir de nos revers vient se mêler à celui de nos conquêtes.

La rue de Boigne est la rue Vivienne de Chambéry. La mode y règne impérativement, mais sous la condition de n'avoir point de caprices et de subir tous les nôtres. Par les belles soirées d'été, le bourgeois, le carabinier royal et l'officier des carabiniers se donnent rendez-vous sur la place de Lans. La promenade du Verney est à quatre pas de là, mais elle se pare et se parfume pour la solitude ou pour quelques rares étrangers. A ses belles allées, aux aromes des montagnes que lui jette la brise, aux flots de l'Alysse qui la caressent, on préfère un double horizon de murailles.

Le roi de Sardaigne possède trois capitales, Turin dans le Piémont, en Sardaigne Cagliari, et dans la Savoie, Chambéry, la plus paisible de toutes. C'est une ville au repos. Rien au monde ne semble pouvoir troubler l'atmosphère de paix qui l'enveloppe. Le tranquille Savoisien marche dans ses rues lentement et à pas comptés. Malgré son embonpoint, la Savoisienne fraîche et piquante, s'avance en quelque sorte silencieuse comme une ombre. Chambéry compte dans ses murs des fabriques de gaze, de dentelles, de bas de soie et de chapeaux, une raffinerie d'alun et plusieurs tanneries. Mais l'on ne s'en douterait pas au peu de mouvement qu'elles entraînent. L'émeute y est inconnue ; d'ailleurs, un geste du gouverneur, un arrêt du sénat, ou même au besoin une simple admonition de l'archevêque suffiraient pour lui imposer silence. De temps en temps on voit passer dans les rues un parc d'artillerie. Les artilleurs sont jeunes et beaux, leur équipement est admirable; les armes reluisent au soleil. C'est superbe, mais le clairon n'assourdit pas les oreilles; le piétinement des chevaux ne rend pas un bruit sourd; le canon semble rouler sur une couche de duvet; la mêche y mettrait le feu que l'air n'en serait probablement pas ébranlé. Oh! Chambéry est bien la ville où il convient le mieux de vivre quand on se dispose à mourir. C'est le calme des champs avec un léger reflet de l'aspect et des jouissances d'une grande ville. A quatre-vingt-dix ans j'irai lui demander droit de cité.

On conçoit aisément qu'une si douce quiétude soit favorable à l'étude et au travail. Aussi la ville compte-t-elle quelques noms entourés d'un certain éclat. La littérature cite avec orgueil Favre de Vaugelas, membre, en 1634, de l'Académie francaise; l'abbé Saint-Réal connu par le succès prodigieux de son *Histoire de la conjuration des Espagnols contre Venise;* Xavier de Maistre l'auteur du *Voyage autour de ma chambre* et *du Lépreux de la vallée d'Aoste*, et son illustre aîné Joseph de Maistre; la peinture, Paul, le paysagiste; la gravure, Delallée; l'architecture, Perronnet, le constructeur du pont de Neuilly-sur Seine. Aujourd'hui la littérature, les sciences et les arts y sont encore en honneur. Les hommes de mérite ne manquent pas dans son académie qui correspond avec celle de Turin.

J'ai déjà nommé le château; c'est le souvenir de l'ancienne splendeur de Chambéry; le signe de sa royauté presque déchue. Il est bâti sur une éminence comme ils l'étaient tous, et regarde la ville qui semble dormir à ses pieds. Thomas I le fit construire.

La tour porte son âge, écrit dans le style de son architecture. Il fut la proie des flammes en 1745 et en 1798 ; l'incendie occupe plus d'une page dans l'histoire des monuments. Les princes de Savoie y résidèrent jusqu'à la translation de leur gouvernement à Turin. Victor-Amédée s'y retira après son abdication du trône de Sardaigne. Sous la domination française, il devint l'hôtel de la préfecture du département du Mont-Blanc. 1815 en fit l'hôtel du gouverneur.

Nous allâmes nous y promener au coucher du soleil. Son aspect nous rappela quelques-uns de ses plus illustres hôtes. Nous errâmes longtemps sous les délicieux ombrages du parc. Nous vîmes de saintes femmes prier dans la royale chapelle, des enfants courir sur la pelouse, des vieillards se traîner dans les quinconces. La nuit venue, les carabiniers relevèrent la garde. Les femmes, les enfants, les vieillards s'éloignèrent et la brise nous jeta, à travers le feuillage, les noms d'Amédée le Vert, d'Amédée le Rouge, de Charles Ier, d'Yolande de France et de Bayard.

CHAPITRE IV.

Séjour à Chambéry — Le chemin de fer — Le lac du Bourget — Le village du Bourget.

L'hôtel de la poste, où nous logeâmes, mérite une mention honorable : on y fait bonne chère et l'on y dort d'un profond sommeil jusqu'à dix heures du matin ; nul bruit, jaloux du repos, ne vous réveille. Les chambres donnent sur une vaste cour, mais elles donneraient sur la rue, l'une des plus commerçantes de Chambéry, qu'il n'en serait pas autrement. Sitôt levés nous recommençâmes nos courses dans la ville et vînmes enfin frapper à la porte de la bibliothèque et du cabinet de médailles : le règlement soutenait qu'elle était ouverte, il avait tort ; non-seulement elle était fermée, mais elle résista à toutes nos secousses. J'en fus fâché, car on prétend que le cabinet de médailles mérite d'être vu et que la bibliothèque possède quelques beaux manuscrits, entre autres une bible du IXe siècle, mais je me résigne: ne retournerai-je pas à Chambéry quand j'aurai quatre-vingt-dix ans? Les médailles, les manuscrits auront encore vieilli de quelques années et n'en seront que plus précieux.

Nous voulions consacrer la demi-journée à visiter les environs de la ville. On nous signala trois buts d'excursions: les Charmettes, le Bout-du-Monde et le lac du Bourget. Les Charmettes, petite maison entre deux collines, nous auraient parlé de Jean-Jacques Rousseau, mais la cascade de Cous s'était déjà acquittée de ce soin, et la rive droite du lac de Genève devait nous en entretenir encore. Le Bout-du-Monde ne nous séduisait guères : des rochers à pic, des précipices, des cascades et des torrents, tout cela nous attendait aux confins de la Savoie et dans la plupart des cantons de la Suisse. Restait le lac du Bourget. Nous avions sur notre itinéraire les lacs d'Annecy, de Thun, de Brienz, de Neufchâtel et de Genève ; nous pouvions donc, à la rigueur, nous dispenser d'aller chercher celui-ci ; mais on va au lac du Bourget en chemin de fer; ce chemin de fer est le seul qui existe en Savoie, et nous sommes passionnés pour les chemins de fer : nous donnâmes donc la préférence au lac du Bourget.

A deux heures nous avions salué, en passant, le buste du général de Boigne ; troublé un moment le silence de la promenade du Verney, et pris place dans un wagon, en compagnie de deux nourrices, d'un prêtre et d'un militaire en congé. La locomotive n'arrivait pas. En guise de passe-temps je faisais dans ma tête des calculs sur les distances, la vitesse et le frottement, et, prenant pour terme de comparaison le chemin de fer de Londres à Liverpool qui fait 80 lieues en dix heures, je trouvais qu'il ne nous faudrait que huit minutes pour atteindre les bords du lac. La locomotive parut enfin, mais quelle locomotive, grand-Dieu! elle n'était ni à six roues, ni à quatre roues; elle n'avait été fabriquée ni en France ni en Angleterre; la vapeur ne l'avait jamais noircie, et il n'était pas à craindre que sa chaudière volât en éclats à la tête des voyageurs, Figurez-vous un cheval natif de la Tarentaise, amaigri, étique, descendant en ligne directe des chevaux de l'Apocalypse ou du coursier de Don Quichotte; ne marquant plus depuis quatorze ans. C'était bien la peine de faire des calculs sur la distance, la vitesse et le frottement, et d'aller chercher un terme de comparaison par delà le détroit! Je m'indignai, mais on n'attela pas moins l'haridelle au wagon, et nous commençâmes à rouler de toute la lenteur de l'animal.

La vallée que nous parcourions nous parut triste et monotone. On fauchait la prairie tout à côté des rails, et l'on ne cessait pas de faucher. Les nourrissons pleuraient, le prêtre récitait son bréviaire, le militaire ronflait, ma femme et moi regrettions les Charmettes et le Bout-du-Monde.

Les huit minutes sur lesquelles j'avais compté se changèrent en deux grandes heures. Nous arrivâmes enfin à la tête d'un canal dont l'extrémité laisse voir à distance le lac qui l'alimente, et nous sortîmes du wagon en face d'un pavillon portant le mot: *Restaurant*, écrit en gros caractères. Voilà, du moins, qui est bien, et le lavaret si renommé du lac va nous faire oublier les ennuis du voyage. Nous entrons, nous appelons les garçons, nous les appelons de nouveau: silence, silence complet. Le restaurant serait-il à la hauteur du chemin de fer ? nous le craignîmes et regagnâmes tout aussitôt le bord du canal.

Nos regards erraient du lac, que nous avions sur notre droite, au mont du Chat qui se présentait en face de nous. Le lac a environ deux myriamètres de longueur ; son écoulement se jette dans le Rhône par le canal de Savières. En 1225, Amédée III fonda sur sa rive nord-ouest l'abbaye de Haute-Combes, qui devint le lieu de sépulture des princes de la maison de Savoie. Quand les tombeaux de St-Denis laissèrent échapper la poussière de nos anciens rois, les sépulcres de Haute-Combes s'ébranlèrent. L'abbaye devint une usine. En 1824, Charles-Félix la fit réparer et la rendit à sa destination. Le mont du Chat a sa célébrité. Les Romains l'occupèrent longtemps, les Carthaginois un jour. Les premiers y laissèrent un temple, les seconds le souvenir d'Annibal. Le temple est depuis longtemps détruit ; les savants antiquaires s'occupent encore du passage d'Annibal. Du reste Wickham, et surtout Cramer, leur ont laissé peu de choses à faire.

A une faible distance de l'extrémité du lac, sur la base même du mont du Chat, nous apercevions le village du Bourget ; le vent nous apportait la fumée épaisse d'une de ses cheminées, nous prîmes cette circonstance pour une révélation d'un heureux augure. Pas de fumée sans feu ; au mois d'août pas de feu sans cuisine. Au Bourget, pas de cuisine ailleurs que dans l'auberge ; il y a donc nécessairement une auberge au Bourget : c'est son toit qui fume ; allons voir le lac de près, nous irons ensuite nous mettre à table au Bourget. Nous partons en effet, nous tournons le canal et nous nous acheminons sur le sentier qui suit la rive gauche. Le terrain qui le borde gagnait toujours en élévation, et au bout d'un quart-d'heure nous nous sentîmes mal à l'aise entre un tertre échauffé par le soleil et des eaux croupissantes ; nous gravîmes le tertre en nous aidant de nos pieds et de nos mains, et nous respirâmes en nous trouvant en rase campagne ; mais la route qu'il fallut nous frayer à travers la prairie nous fit presque regretter le sentier du canal ; des ruisseaux, plus ou moins larges et profonds, venaient mettre, à chaque instant, notre courage et notre agilité à l'épreuve, et, par malheur, à mesure que nous avancions, le lac semblait s'éloigner de nous, comme ces oasis du désert qui semblent fuir devant les pas des voyageurs. Le courage se soutenait, mais l'agilité allait en raison inverse de la fatigue et de l'appétit qui augmentaient. L'excursion aux bords du lac finit par nous paraître un voyage ; l'impatience nous prit et nous tournâmes à gauche pour nous rendre au village par le plus court chemin. Nous traversons un torrent et nous voici devant les premières maisons, si l'on peut appeler de ce nom des huttes informes et décrépites. Un cruel désappointement nous attendait : nous cherchions un dîner, nous trouvâmes un enterrement. L'aubergiste, le seul aubergiste de l'endroit, allait gagner son dernier gîte. La croix en tête, le convoi se mit en marche. C'est grand pitié, quand l'appétit vous aiguillonne, de voir partir l'aubergiste ; cependant nous entrâmes dans l'auberge: quel taudis ! quel chenil ! mais, à notre grande surprise, tout y était en mouvement. Le toit n'avait pas fumé en vain : on préparait le repas des funérailles. Une vieille femme se chargea de nous apprendre que deux proches parents avaient *fait la terre*, c'est-à-dire, creusé la fosse, et qu'au retour de l'enterrement, on boirait à leur santé. La vieille achevait ses explications, qu'elle avait entremêlées de bon nombre de digressions inutiles, quand les parents et les amis du défunt rentrèrent dans l'auberge. La lugubre cérémonie était terminée, on allait en commencer une autre moins triste : un morceau de bœuf pour vingt, des gâteaux, des pommes de terre et des cruchons d'eau-de-vie de cerises, furent étalés sur une table noire comme l'âtre de la cheminée. En un instant le morceau de bœuf et les gâteaux eurent disparu : alors un homme se leva et but à la mémoire de l'aubergiste ; un autre se leva après lui et but à la santé de ceux qui avaient fait la terre ; après quoi il y eut quelques salutations, et l'on se sépara en silence. On nous avait bien offert notre part du festin et nous tombions d'inanition, mais il est des circonstances où l'on meurt et l'on ne se rend pas.

Nous regagnâmes bien tristement le restaurant des bords du canal. Cette fois nous fûmes reçus par une femme de 40 à 45 ans, d'un embonpoint remarquable et d'une fraîcheur toute savoisienne. Comment voulez-vous être traités ? nous demanda-t-elle d'un air de satisfaction. C'était un beau début. Nous désignons quelques plats, malheureusement ils avaient été mangés la veille ; nous en indiquons d'autres, nouveau contre-temps ! ils avaient trouvé des consommateurs deux heures auparavant. Toujours, et par d'excellentes raisons, ce que nous demandions était précisément ce qui manquait. Cependant il fallait prendre un parti : nous déclarâmes donc à l'hôtesse que nous nous mettions à sa merci. Alors elle entama un long discours tout hérissé de précautions oratoires, et dont la conclusion fut qu'elle ne pouvait mettre à notre disposition qu'une omelette blanche et un canard domestique, jouissant encore au moment où elle nous parlait, de toutes ses facultés vitales. Quelle perspective! mais il y avait urgence, et force nous fut d'accepter la première moitié de sa proposition. L'omelette servie, l'hôtesse s'assit en face de nous et entama la conversation, ou plutôt s'empara de la parole avec le même air de satisfaction qui si elle eût prévenu tous nos desirs. Au bout d'un quart d'heure nous connaissions toutes les circonstances du tir à l'arquebuse, tel qu'on le pratique à Chambéry, les bonnes et les mauvaises qualités du dernier gentilhomme qui était devenu roi d'un jour en abattant le *Papegeai*, les graces et les vertus de la dernière fille de bourgeois qui avait été reine. C'est que le tir à l'arquebuse n'est pas une petite solennité ; tous les rangs s'y confondent : les princes du pays eux-mêmes ne dédaignent pas d'y prendre part. Si le roi est noble, la reine est choisie dans la roture ; s'il est roturier, elle doit l'être dans la noblesse. Un jour Victor-Amédée Ier abattit l'oiseau peint. Dans quel rang devait-il choisir la reine? le cas était grave, les réglements et les usages semblaient devoir se taire, eu égard à la haute position du vainqueur. Mais il en décida autrement et prit pour reine la fille d'un procureur. Ce Victor-Amédée Ier était certainement un homme d'esprit et un excellent politique.

Tous ces détails racontés avec une merveilleuse facilité finirent par nous intéresser. Notre mauvaise humeur disparut tout à fait avec le dernier morceau de l'omelette blanche. Notre hôtesse était au moins aussi bon politique que Victor-Amédée Ier. Quand nous entendîmes la cloche de départ du wagon nous n'avions plus rien à apprendre touchant le tir de l'arquebuse, et nous en étions sur les faits et gestes des officiers de carabiniers royaux qui viennent de temps à autre visiter le restaurant. Le wagon nous rendit notre mauvaise humeur, la locomotive se ressentait encore de son premier voyage, malgré trois heures de repos; c'est vous dire que nous allions presque au pas de tortue. Rendus enfin à Chambéry, nous reprîmes notre gaîté en voyant paraître sur notre table le bœuf du versant du mont du Chat, la truite et le lavaret du lac de Bourget; trois choses passées à l'état de fiction, au dire de l'hôtesse qui nous avait si bien traités. Au dessert, le maître-d'hôtel nous apporta notre passeport visé par le gouverneur, moyennant la somme de quatre francs. Axiome : Tout va le mieux du monde dans la capitale de la Savoie, pourvu que l'on se garde d'une visite à la bibliothèque et au cabinet des médailles aux heures indiquées par le réglement, d'un voyage en chemin de fer, d'une promenade sur les bords du Bourget, d'un dîner au restaurant du canal et d'un visa de passeport.

CHAPITRE V.

Aix-les-Bains — Saint-Félix — Étiennette Vergnier.

Pour décrire physiquement la Savoie il faut la diviser en deux parties bien distinctes. L'une, qui a pour limites la France et le canton de Genève, ne présente rien dont on ne puisse se faire une idée assez exacte, si l'on se figure des montagnes et des vallées, des prairies et des bois de sapin, des champs cultivés bordés de noyers, de mûriers, de cerisiers et de poiriers ; çà et là des massifs d'érables, de saules, de peupliers d'Italie, et de loin en loin, quelques lacs dormant aux pieds des pentes légèrement inclinées. Il est vrai de dire que la nature, à force de lui prodiguer les teintes vigoureuses, a semblé en faire une région à part, et sous ce rapport elle mérite l'attention du voyageur. L'autre partie qui s'appuie sur le canton du Valais et sur le Piémont est le théâtre des merveilles. La végétation y languit sous l'âpreté des frimats : mais c'est pour être admirée qu'elle a été faite et non pour produire. Hérissée de monts gigantesques, coupée par des torrents, accidentée par des champs de glaces et des sommets couverts de neige, elle offre des aspects qui n'ont point de terme de comparaison. On croirait qu'il y a deux cents lieues, de l'une à l'autre, si l'on ne trouvait partout, à de très-légères différences près, les mêmes mœurs et le même langage. L'habitant de Chambéry et celui de la vallée de Chamounix, également doux et polis, cachent sous un vernis de bonhomie cette finesse qui est le partage ordinaire des montagnards. Ils parlent tous la langue française, non avec cet accent exagéré qu'on leur prête sur nos théâtres, mais avec quelques inflexions qui n'ont rien de pénible à entendre. Dans les villes il y a peu de richesses. La médiocrité dorée dont se serait contenté le poète latin, y est aussi fort rare. Les familles qui vivent dans l'aisance la doivent à une sévère administration de leur patrimoine. Dans les campagnes et dans les hameaux on ne connaît que la pauvreté ; les mendiants abondent sur les routes, ils exploitent la commisération publique de toutes les manières, en tendant la main, en chantant, en jouant d'un instrument, en vous offrant des fruits ou des minéraux. On leur donne sans les accuser de paresse, car on sait que la terre et l'industrie leur refusent souvent toute espèce de travail. La mendicité n'est un vice que là où elle n'est pas une nécessité.

Nous étions entrés en Savoie avec la résolution de la traverser dans sa plus grande étendue pour jouir de ses divers aspects. Nous avions donc tracé notre itinéraire par Chambéry, Aix-les-Bains, Annecy , le Plot, Bonneville, les vallées de Sallenche , de Cluse, de Servoz, de Chamounix et finalement celle de Valorsine. Pour exécuter fidèlement notre plan, nous louâmes le char du maître-d'hôtel de Chambéry, qui présentait les mêmes inconvénients et les mêmes avantages que celui du maître-d'hôtel de Saint-Laurent-le-Pont. Il fut convenu qu'il nous mènerait coucher le soir au Plot et le lendemain dîner à Sallenches. Le jour venait à peine de se lever quand nous nous mîmes en route. Nous sortîmes de la ville par le faubourg de Reches, et nous roulâmes sur les flancs du mont Lemenc, du mont d'Azis et de la Dent-de-Nivolet. Il n'aurait tenu qu'à nous de revoir dans le lointain le village et le lac du Bourget, il ne fallait pour cela que tourner légèrement la tête à gauche ; mais nous ne leur avions pas encore pardonné les désappointements de la veille. A huit heures nous entrions dans Aix-les-Bains.

Aix-les-Bains est assis sur le penchant de la montagne calcaire de Rival. Les Romains, pour qui Rome était partout où il y avait à prendre, s'en emparèrent à cause de ses eaux thermales. En firent-ils une ville ou une simple maison de campagne? grave question ! Les savants qui aiment la controverse presque autant que les Romains aimaient les conquêtes, opinent les uns pour *Civitas*, les autres pour *Villa*. Ceux qui veulent réduire Aix-les-Bains à l'étroite dimension d'une maison de campagne, font remarquer qu'il ne figure pas sur l'itinéraire d'Antonin comme station romaine. Ce motif n'est guère concluant. Bien qu'il soit attribué à Antonin-le-Pieux, ce n'est pas une raison pour que cet itinéraire soit exempt d'erreurs. Voici sur quoi je fonde mon doute. Les Romains aimaient les vins délicats et les *eaux tièdes* des bains. A trente lieues environ d'Aix, nous traverserons le Bas-Valais dont les vignobles les tentèrent fort. En l'honneur de ces vignobles, ils s'arrêtèrent au petit bourg de Martigny, l'embellirent, l'agrandirent et finirent par le transformer en ville. Assurément ils durent faire pour les eaux d'Aix ce qu'ils avaient fait pour les vignobles du Bas-Valais. Le premier qui en essaya s'en trouva bien et s'établit à côté de la source. D'autres vinrent après lui et l'imitèrent. D'arrivants en arrivants le nombre des maisons augmenta, et le cercle s'agrandissant toujours, les derniers venus furent forcés de bâtir à une certaine distance des constructions élevées par les plus diligents. Dans le principe il n'y avait qu'une *villa*, par la suite la *villa* devint tout naturellement *civitas*, comme le bourg de Martigny était tout naturellement devenu ville. Ses monuments, dont on voit encore les restes aujourd'hui, appuieraient au besoin cette opinion : s'ils n'étaient pas au dessus de la fortune de certains généraux et patriciens, du moins étaient-ils plus en rapport avec l'importance d'une cité qu'avec la position d'un individu quel qu'il fût. Les thermes étaient divisés en trois grands corps de bâtiments entourés de colonnades et ornés de mosaïques. Les statues des Dieux gardaient les entre-colonnements, s'adossaient aux fûts de Corinthe et peuplaient les portiques; les bancs des baigneurs étaient revêtus de porphyre, de de vert et de rouge antique, de cipolin et d'autres marbres précieux. L'édifice n'avait rien à envier aux splendeurs des thermes de Caracalla et de Dioclétien; on y arrivait par un arc d'une rare élégance; il était couronné d'un attique surmonté lui-même d'une cymaise sur laquelle s'appuyaient des figures dues aux plus habiles ciseaux. En face des bains s'arrondissait une vaste place publique, c'était là probablement que l'on célébrait les jeux fixes, les jeux votifs, et tous ces spectacles que les Romains traitaient sérieusement parce qu'ils faisaient partie de leur culte. Un peu plus loin s'élevait un temple consacré, selon quelques-uns, à Diane, selon d'autres, à Vénus; il était sans cîment et sans mortier, ce qui semble lui assigner une date postérieure au siècle d'Auguste. Les proportions raccourcies de la partie qui doit sa conservation aux soins du marquis d'Aix prouvent qu'il n'était, comme la maison carrée de Nîmes, que le *sacrarium* d'un plus vaste bâtiment.

La vogue des bains d'Aix s'est toujours soutenue. En 1600, Henry IV s'y baigna avec toute sa Cour. Ils prirent le nom de Bassin-Royal. Amédée III les fit reconstruire. L'édifice actuel est un péristyle partagé en deux ailes dont l'entrée est décorée de demicolonnes ioniques. On y accourt de tous les points de l'Europe pour demander à sa Naïade sulfureuse des miracles qu'elle n'est pas toujours disposée à opérer. Mais si elle ne rend pas la santé à tous les suppliants, du moins ne manque-t-elle jamais de leur accorder libéralement les joyeuses distractions et les fêtes. Aussi, pendant la belle saison, tout sert de prétexte au voyage d'Aix-les-Bains. La société s'y rassemble élégante et nombreuse, comme dans une maison de plaisance ouverte à tout venant. Le matin on s'y baigne, on reçoit des douches ; dans la journée on se repose sous de frais ombrages ; on lit le roman nouveau ; on fait des excursions aux environs ; puis on s'occupe de sa toilette ; le soir on danse, on fait de la musique, on joue la comédie : et chose singulière ! tels maux qui ont bravé la vertu des eaux thermales ne résistent pas à une valse de Strauss, à un galop de Musard, à une cavatine de Meyerbeer.

A cette société fashionable, il faut les fantaisies de la mode, les douceurs, les sensualités de la vie : l'industrie et la spéculation pourvoient à tout et donnent à la ville, pendant quatre à cinq mois de l'année, une physionomie toute particulière. Jetez les yeux sur les magasins : la mousseline, la gaze et l'écharpe de soie ornent les devantures. Les gants jaunes, les cravates de satin, les étoffes de fantaisie sollicitent le baigneur. L'or, le chrysocale, le clinquant étincellent comme au passage des Panoramas. L'artiste n'a pas fait défaut : l'un est venu de Chambéry, l'autre de Lyon ; Paris même est représenté. Sur les enseignes vous lisez : cordonnier de dames, coiffeur des dames, tailleur, parfumeur, traiteur, restaurateur ; puis, vous trouvez des cabinets de lecture, des cafés, un cercle, un casino. Vous vous croyez dans une grande ville. Maintenant, levez les yeux au dessus du rez-de-chaussée, et vous vous croirez transporté tout à coup dans le plus méchant village des départements de l'Ain ou du Jura ; partout, en effet, ce sont des façades tristes et rembrunies, des fenêtres d'où pendent des haillons. Le luxe en bas, la misère en haut : voilà Aix-les-Bains pendant la belle saison.

Nous visitâmes la ville, ce fut bientôt fait; puis les bains, ce fut un peu plus long. Un employé de l'établissement nous demanda si nous voulions y prendre logement ; nous répondîmes que nous étions sains et nullement hypocondriaques : il nous tourna le dos. Pour être bien reçu à Aix-les-Bains, il faut absolument être malade de corps, ou se faire traiter comme tel.

En sortant de la ville nous laissâmes à gauche une magnifique allée et nous poussâmes droit à Saint-Félix, en passant par le petit bourg d'Albens. Saint-Félix est bâti dans une agréable position, entre un bois et une prairie. Il n'y a point de rues : ses maisons s'élèvent çà et là sans symétrie. Son clocher svelte et prétentieux fait ressortir la pauvreté de son église. Les fontaines y abondent; des troncs d'arbres percés par une vrille versent une eau fraîche et limpide dans d'autres troncs d'arbres creusés en forme d'auge. En France on met un peu plus d'importance à l'érection d'une fontaine. Telle localité engage ses revenus de dix ans pour faire jaillir un filet d'eau d'une masse de pierres et d'un tuyau de cuivre. Ce que c'est que la vanité!

L'auberge où notre bonne étoile nous avait conduits est tenue par deux jeunes et jolies hôtelières. C'était le lendemain jour de foire, or, ce jour-là Saint-Félix présente quelques dangers. De lourds chariots y portent des planches, puis encore des planches, toujours des planches. On les entasse çà et là en piles qui dépassent la hauteur des maisons.

Les chalands et les curieux circulent dans ce labyrinthe à leurs risques et périls. Il y a près d'un demi-siècle, gens et maisons disparurent tous, pendant vingt-quatre heures, sous un plancher improvisé. Les uns disent que ce fut l'ouvrage de l'ouragan; les autres du diable. Le fait est certain, si la cause ne l'est pas. Du reste le diable joue un grand rôle dans tout ce qui se passe en Savoie. Nous aurons plusieurs fois l'occasion de le rencontrer sur notre passage.

Le ciel était pur et l'air doux quand nous nous remîmes en route. Nous fîmes à pied le trajet de Saint-Félix à Alby; avec un pareil temps on peut se faire touriste dans toute la rigueur du mot. Alby est situé sur le Chéron. On traverse ce torrent sur un beau pont et l'on aperçoit les ruines du château des anciens comtes de Genève. Nous venions de dépasser ses dernières maisons quand nous rencontrâmes une femme de la campagne, mise avec une propreté rare dans ces contrées et dans cette classe; elle conduisait par la main son jeune fils qui avait un bras en écharpe. Nous eûmes bientôt lié conversation avec elle, et quand elle apprit que nous allions à Chamounix, elle fit éclater un mouvement de joie.

— A Chamounix! oh! que vous êtes heureux!

— Eh! pourquoi, s'il vous plaît, bonne femme!

— C'est que, mon bon monsieur et ma belle dame, vous verrez M. Cockse.

— M. Cockse! qu'est-ce que M. Cockse, s'il vous plaît?

— Ah! vous ne savez pas? c'était notre vicaire, notre bon vicaire. On ne parlait dans tout Alby que du bien qu'il faisait aux malheureux! il n'en manque pas à Alby. Quand Joseph se cassa le bras il fallait voir toute la peine, tout le mouvement qu'il se donna.

— Pourquoi donc vous a-t-il quitté?

— Oh ! c'est bien malgré lui, je vous assure. Il a obéi à monseigneur l'évêque d'Annecy. Cela s'est passé il y a quinze jours ; comme il pleurait! nous en pleurons encore, nous.

En effet, la pauvre femme essuyait en ce moment une larme: elle reprit immédiatement :

— Mon bon monsieur et ma belle dame, promettez-moi de me rendre un service et je prierai Dieu pour vous.

— Volontiers, parlez.

— Dès que vous arriverez à Chamounix, allez voir M. Cockse, dites-lui que Reynier et Etiennette Vergnier sa femme se portent bien, que leur fils Joseph ne souffre presque plus, et qu'il se souviendront toujours de lui.

— Vous pouvez y compter.

— Merci, mon bon monsieur, merci.

Le lendemain, une heure après notre arrivée à Chamounix, nous nous acquittions de cette douce commission ; mais le digne M. Cockse nous écoutait d'un air distrait. Il avait oublié tout le bien qu'il avait fait à Alby.

CHAPITRE VI.

Annecy — Le mur peint en noir — Le Plot — Un clair de lune à Bonneville.

Personne n'a le droit d'ignorer le nom de saint François de Sales. Né d'une famille illustre, il se rapprocha des classes inférieures de la société, pour les aimer et les consoler. Riche, il épuisa tous ses biens en aumônes, et n'accepta le diamant de Catherine de France que pour en distribuer le prix aux malheureux. Evêque de la petite ville d'Annecy, il rejeta la pourpre du cardinalat pour rester dans son humilité. Léon II, Henri IV voulurent tour à tour le rapprocher de la tiare et du sceptre, mais les pauvres d'Annecy le retinrent à la tête de son troupeau. Cet homme a été le plus beau type de l'abnégation personnelle et de la charité chrétienne ; la réalisation la plus complète de la fraternité évangélique. Qui que vous soyez, calviniste, luthérien, sectateur de Mahomet, croyant ou athée, inclinez-vous devant cet apôtre de l'humanité. Ses reliques reposent à Annecy. C'est la première chose que l'on songe à voir quand on entre dans cette ville, et les itinéraires vous envoient à la cathédrale. Vous prenez une rue large et tortueuse : on vous montre une maison portant le numéro 383, aux murs rembrunis, aux fenêtres en croix, qui fut habitée quelque temps par Jean-Jacques Rousseau, enfant de chœur, et vous passez. Vous ne demandiez pas le philosophe génevois : vous cherchiez le philosophe chrétien. La cathédrale est presque en face de cette maison ; elle vous paraît belle, parce que François de Sales évangélisa sous ses modestes arceaux. Mais vous n'y trouvez pas les reliques que vous cherchez, on les a transférées, depuis plus de quinze ans, dans l'église de la Visitation. Là, sont conservées également celles de sainte de Chantal. Ce fut une pieuse idée de les réunir dans la même enceinte. On sait que saint François de Sales institua l'ordre de la Visitation, et mit madame de Chantal à la tête du monastère qu'il fonda.

L'église de la Visitation ne vous inspire pas cette mystérieuse tristesse dont on est saisi d'ordinaire en pénétrant, pour la première fois, dans l'intérieur d'un édifice consacré au culte catholique. Ses trois nefs sont d'une propreté, d'une fraîcheur remarquables, ses ornements d'un bon goût ; les peintures de ses lambris gracieuses et parfaitement nuancées ; sa copie à fresque de la Cène de Rubens plus éclatante de couleurs que ne le comporte le sujet, mais soigneusement traitée. La lumière pénètre vive et brillante dans toutes ses parties, les pilastres ne projettent presque point d'ombres, et deux figures d'anges adossées contre la balustrade de la tribune, semblent répandre autour d'elles la vie et les parfums de la grâce. On dirait que le génie de François de Sales a façonné cette église à son image, tant elle semble en harmonie avec la piété douce et riante du bienheureux. Ses reliques reposent derrière le maître-autel. Le prélat est étendu dans une châsse, revêtu des habits pontificaux. Vous montez sur une petite échelle et vous apercevez à travers un verre les ossements de la tête. La châsse est en vermeil : une inscription vous apprend que la famille de Sales en a fait don à la Visitation. Les reliques de sainte de Chantal sont dans la nef latérale ; la châsse qui les contient est également en vermeil, le cadre est orné de ciselures et de figurines d'un travail précieux : on la doit à la magnificence de la reine de Sardaigne.

La fête de saint François de Sales est célébrée à Annecy avec une grande solennité. Les fidèles y accourent de toutes les provinces de la Savoie. L'habitant si policé de Chambéry se donne rendez-vous auprès des reliques avec le pâtre à demi sauvage d'Argentières et des Bossons. Chaque famille a fait ou fera ce voyage. La France, les cantons catholiques de la Suisse et le Piémont y sont aussi représentés. Annecy, qui pendant tout le reste de l'année est encore plus calme que Chambéry, devient ce jour-là animé et presque bruyant.

Comme le pèlerin de la Maurienne, du Chablais ou du Faucigny, nous nous étions agenouillés devant ces reliques qui réveillent de suaves idées de paix et d'amour. Une tourière avait soulevé devant nous le voile qui cache la grille du chœur du monastère. Nous nous éloignâmes pleins de douces émotions, les seules que l'on puisse rapporter d'un lieu qui semble fait pour n'entendre que des chants d'allégresse et d'espérance.

Annecy est la seconde ville de la Savoie ; des arcades bordent la plupart de ses rues, mais elles ne ressemblent en rien à celles de Chambéry ; elles sont si massives qu'elles blessent la vue, si écrasées qu'en relevant le bras on pourrait toucher du doigt la cervelle de la voûte. Ne blâmons pas : la ville est pauvre, et ces arcades n'ont point été faites dans des idées de luxe et d'ornement ; on les a tout simplement construites dans un but d'utilité : elles facilitent les communications quand il pleut ou neige, ce qui arrive à peu près tout le long de l'hiver. Il s'y fait un commerce de détail assez actif : c'est une sorte de bazar où l'on trouve tout ce qui est rigoureusement indispensable aux besoins de la vie.

En dehors de la ville, du côté opposé à celui par lequel nous sommes entrés, un théâtre sert de point de départ à deux belles promenades ; c'est un monument isolé précédé d'un péristyle et de quatre colonnes qui, de loin, accusent quelque prétention. Nous voulûmes le considérer de près, mais cet examen ne tourna pas à son avantage. Les murs sont lézardés, les colonnes, dépouilles des forêts d'alentour, vermoulues. Il ne faudrait qu'un *ut* de poitrine donné par quelque robuste ténor pour faire écrouler tout l'édifice. Je conseille aux autorités du lieu d'interdire provisoirement le spectacle à leurs administrés.

Nous suivîmes la promenade qui tourne à droite, elle nous conduisit aux bords du lac ; ses eaux, d'un vert clair, s'abritent sous la pente douce des montagnes ; de jolies maisons de campagne et des cabanes de pêcheurs viennent s'y mirer. On aperçoit dans l'éloignement le pittoresque château de Duind; Talloires, patrie du chimiste Berthollet, et derrière Duind et Talloires, les vieilles tours du château de Menton, qui vit naître saint Bernard. Tout cela est pittoresque, brillant, harmonieux et digne du pinceau d'un Claude Lorrain.

Gabriel vint nous rejoindre quand il jugea le cheval du maître d'hôtel de Chambéry disposé à se remettre en route. A une demi-lieue d'Annecy, en avant du pont et du village de Brogni, nous aperçumes une jolie maison sur le bord du chemin, et exactement en face, à dix pas environ de distance, un mur peint en noir qui lui masquait l'aspect de la campagne. Ce mur ne se liait à aucun corps de bâtisse, ne protégeait aucune plantation; il était là comme un lugubre épouvantail dont nous ne pouvions nous expliquer l'utilité. Un habitant du village de Brogni nous donna le mot de l'énigme : la jolie petite maison appartient à M. Batté; le mur peint en noir à M. Thielbaut. M. Thielbaut tient magasin de chaussures sous les arcades d'Annecy ; il sait lire et signer proprement son nom, ce qui lui donne un certain vernis de science qui ne gâte rien. M. Batté et M. Thielbaut étaient en procès touchant les limites de leurs héritages; M. Thielbaut prétendait les reculer jusques à deux pas de la maison de campagne de M. Batté. Le juge du lieu condamna cette prétention, en considérant notamment qu'elle bloquerait M. Batté dans sa villa, et ordonna que la ligne séparative resterait là où elle est encore aujourd'hui, c'est-à-dire au pied du mur peint en noir. Appel de la sentence par devant le sénat de Chambéry ; M. Thielbaut monte sur sa mule et va solliciter les juges. Le jour de l'audience, il se dirige vers le sombre bâtiment où la justice rend ses oracles et entend plaider son avocat. Celui-ci avait hérissé sa discussion de citations latines : le code, le digeste, les novelles, les institutes de l'empereur Justinien avaient successivement comparu devant le Sénat. M. Thiébault était enchanté. Une cause à l'appui de laquelle se levaient vingt ou trente noms en *us* et l'empereur Justinien lui paraissait une cause imperdable. Vint le tour de l'avocat de M. Batté. M. Thielbaut ne fut pas médiocrement surpris de l'entendre citer à son tour les Romains : il ne comprenait pas que tous ces respectables noms en *us* et le grand empereur Justinien pussent successivement prendre parti pour et contre lui. Les plaidoiries terminées, le Président du sénat mit son bonnet et confirma la sentence du juge d'Annecy, c'est-à-dire condamna de nouveau la prétention de M. Thielbaut en invoquant également les mêmes noms en *us* et le même empereur. Pour le coup M. Thielbaut n'y tint plus, et jura haine éternelle aux Romains. Ce nouvel Annibal paya les épices, et se hâta de retourner à Annecy où il arriva la face toute rouge de colère et d'indignation. Deux jours après, le mur peint en noir commençait à sortir de terre. Au bout d'une semaine, il étalait son rideau vengeur devant la façade de la jolie maison de M. Batté. Le terrain qui avait brouillé les deux voisins valait vingt-cinq francs, le mur en coûta mille : mais depuis ce temps M. Thielbaut ne ménage plus les Romains dans ses conversations avec ses pratiques. Les sentences du juge d'Annecy et du sénat de Chambéry ont satisfait la justice. Le mur peint en noir a satisfait M. Thielbaut. Les Savoisiens sont doux et patients. L'histoire du mur peint en noir atteste que cette règle, comme toutes les autres, a ses exceptions.

Du Brogni au village de Plot ce ne sont que montées et descentes. Le Plot est au fond d'une gorge, sur le torrent de Bérangi. Je n'y ai compté que huit maisons, dont quatre décorées du titre d'hôtel. Si triste qu'il soit, il possède un juge royal, la poste royale et des carabiniers royaux. Le maître d'hôtel de Chambéry nous avait condamnés à passer la nuit dans cette basse-fosse : mais il était encore grand jour, et nous appelâmes de sa sentence en engageant Gabriel à pousser jusque à Bonneville : Gabriel nous répondit par le mot : Impossible. Cependant, après quelques instants de réflexion, il trouva que, moyennant un cheval de renfort, nous pourrions aller coucher à La Roche ; nous en prîmes deux, et Gabriel chevaucha à la portière sur celui du maître d'hôtel de Chambéry. Chemin faisant, il nous apprit qu'il était natif de Bonneville, qu'il avait, dans ce pays, je ne sais combien de parents, et notamment une multitude de charmantes cousines. A ces mots, nous commençâmes à espérer que nous ne coucherions pas à La Roche mais bien à Bonneville. Nous montâmes pendant deux heures ; parvenus au sommet de la montagne, sur un point nommé la *Borne*, un cri d'admiration nous échappe. Nous venions d'apercevoir un des plus beaux aspects de la Savoie. Le village de La Roche était à nos pieds, séparéde Bonneville par une plaine : au sudest de la plaine s'ouvrait une vallée immense, sillonnée, dans toute sa longueur, par la rivière de l'Arve. Elle était enfermée dans une double chaîne de monts, les uns se terminant en dômes, les autres en pointes ; ceux-ci nus, ceux-là couverts de sombres forêts. A l'extrémité de l'enfoncement, derrière des masses gigantesques de rochers, apparaissait un vaste champ de neige s'élevant en gradins irréguliers, dont le dernier se perdait dans les nuages. Nos regards sondèrent rapidement cet abîme de plusieurs lieues, et s'en détachèrent pour se fixer sur les neiges de l'horizon. Gabriel venait de nommer le Mont-Blanc ! et nous de répéter avec enthousiasme : Le Mont-Blanc ! Pendant un quart-d'heure nous restâmes dans l'extase, le tableau que nous avions devant les yeux nous confondait par sa grandeur, nous éblouissait par sa magnificence. Il faut avoir visité la Savoie avec une âme d'artiste, pour comprendre l'impression que l'on ressent lorsque, pour la première fois, on découvre le roi des montagnes.

— Nous ne pouvons coucher à La Roche, dis-je à Gabriel.

— Pourquoi donc, Monsieur? me répondit-il, les chevaux de renfort regagnent le Plot, le mien ne marche presque plus, il se traîne : nous n'arriverions qu'à la nuit close à Bonneville, et il y a de bons hôtels à La Roche.

— Il faut que nous nous rapprochions du Mont-Blanc; il faut que demain nous voyions se lever le jour de l'entrée de cette grande vallée qui y conduit.

— Ah ! il faut....

— Courage , Gabriel ! vous avez de charmantes cousines à Bonneville , et , quand nous nous séparerons , je doublerai la bonne-main.

Le cheval du maître d'hôtel de Chambéry eût-il dû en mourir, Gabriel était incapable de résister à ce double argument. Nous voilà donc en route pour Bonneville , où nous arrivons à la nuit close , selon qu'il l'avait prédit. L'hôtel où il nous conduisit est peu fréquenté : nous nous y trouvâmes bien malgré cela. Toutes les attentions furent partagées entre deux pensionnaires de la maison et nous. Quand on est parti le matin de Chambéry en char de montagne et que l'on arrive le soir à Bonneville , toujours en char de montagne, les attentions ne sont pas à dédaigner.

On nous donna une chambre propre et convenablement meublée. En y entrant une perspective s'offrit à mes yeux et les captiva : la lune brillait au ciel ; sous les murs de l'hôtel , des jardins divisés en mille compartiments et entremêlés de bouquets d'arbustes, formaient d'irrégulières mosaïques. L'Arve les étreignait d'une bondissante écharpe d'écume ; à l'extrémité d'un pont, dont les arcades se dessinaient sur la rivière en mobiles croissants , au faîte d'une colonne d'une assez grande élévation , je distinguai une statue drapée à l'antique, qui semblait veiller au repos de la nuit. A quelques pas de la colonne , des habitations éparses montraient leurs toits fortement inclinés, et au delà surgissaient des pics, des roches ébréchées, puis des montagnes prolongeant leurs croupes jusqu'aux limites de l'horizon. Tous ces objets présentaient un mélange confus de teintes sombres, obscures ou blafardes, de contours, d'angles indécis, d'incidents indéfinissables, d'aspects froids et vaporeux. Tout à coup le vent se leva chassant devant lui de vastes amas de nuages. Ces flottantes draperies se déchirèrent ; elles se divisèrent en mille lambeaux empruntant toutes sortes de formes : vous eussiez dit des chasseurs l'arc tendu, des chiens lancés, des quadrupèdes agiles, des oiseaux étranges. Ces fantastiques images traversaient l'espace de l'orient à l'occident, et il me sembla assister à une chasse aérienne de la mythologie scandinave. Je retrouvai un moment les rêves de ma première jeunesse, à la lecture de Macpherson. Malheureusement une brusque rafale pénétra dans la chambre, éteignit la lampe, renversa un meuble, ébranla les autres. Le monde des chimères s'évanouit, et je rentrai dans le monde réel par une boutade de ma femme que tout ce bruit venait d'éveiller en sursaut.

CHAPITRE VII.

Bonneville — Cluse — La Grotte de Balme — La Cascade d'Arpennaz — Saint-Martin — Sallenche.

Bonneville était autrefois la résidence de l'intendant de la province, et, en quelque sorte, la maison de plaisance des Génevois. Elle devait cette distinction à sa qualité de capitale du Faucigny, à sa situation sur la rivière de l'Arve, à ses paysages si pittoresques, à cette belle vallée des Alpes centrales dont elle semble garder l'entrée. L'Arve descend turbulente de Chamounix, grossie par les flots de l'Arveyron et d'une infinité de torrents qui s'échappent des glaciers. La nature ne lui avait pas assigné un lit : elle s'en creusait un au hasard, selon le caprice des orages ; quelquefois même elle s'étendait en lac dans toute la vallée, submergeant les habitations et les espérances de l'agriculteur. Charles-Félix l'enferma dans le lit qu'elle occupe aujourd'hui, et la reconnaissance éleva à ce prince la statue que j'apercevais hier aux rayons de la lune. C'est le seul monument de Bonneville. Quand donc un Français en méritera-t-il un semblable en emprisonnant pour toujours dans leur lit le Rhône et la Durance?

De Chambéry à Bonneville la campagne est constamment verdoyante : mais si vous exceptez les environs d'Aix, le lac d'Annecy et le point de vue de La Borne, le tableau se déroule uniforme, au point de vous inspirer quelques doutes sur la réalité des merveilles dont les récits des voyageurs ont peuplé la Savoie ; mais au sortir de Bonneville la scène change tout à coup. Vous traversez l'Arve, vous passez sous la statue de Charles-Félix, vous entrez dans la vallée de Cluse. Le Môle se dresse au midi avec sa sommité taillée à pic, et sa base couverte de grandes couches, presque perpendiculaires à l'horizon. Le Brézon se dessine au nord, étalant dans les airs son cône majestueux, comme pour l'offrir à l'admiration des Génevois, qui le contemplent des bords de leur lac. Aux portes des palais il faut des portiques et des colonnades ; aux portes des Alpes Centrales il fallait des monuments âpres et sauvages comme elles. La nature y a pourvu en élevant comme des forteresses ces deux masses calcaires, décharnées, abruptes, coupées par des précipices effroyables. Au Mole succèdent Marsilly et la Tête-du-Roi, remarquable par sa forme pyramidale et les couches qui convergent à son sommet : au Brézon, le Saxonnet, couvert de sapins, de vergers et de pâturages; les Vergi qui dominent les châlets de Solaisons; le Reposoir, dont la base va se perdre dans les flancs des Monts Arevis, pour protéger Sallenche contre les vents du nord. La vallée s'allonge de l'ouest à l'est, encadrée par ces hautes sommités, étroite en sortant de Bonneville, s'élargissant vers son milieu, puis resserrant tout à coup ses deux lignes de montagnes comme deux arcs qui cherchent à se rencontrer pour étreindre la petite ville de Cluse entre deux blocs gigantesques. Les gorges transversales du Reposoir et de Tanninge, celles-ci, fraîches et riantes, celles-là, sombres et terribles, lui versent des torrents chargés des débris des montagnes. L'Arve et la route s'y déroulent comme deux sillons: l'un mobile, écumeux, grondant; l'autre joyeux, caché quelquefois sous des berceaux de noyers, de pruniers et de poiriers sauvages. Des habitations éparses, des bourgs paisibles, Vaugier et Siongy, mystérieusement abrités sous des massifs de verdure, semblent y rêver de joie et de paix. Mais arrêtons-nous un moment: à trois cents pas de la route, sur cette éminence, voyez cette vieille tour en ruines qui se détache de l'épaisseur d'une forêt de chênes, et en couronne le sommet: c'est le dernier débris du château-fort de Mussel. Ce manoir fut hospitalier, si l'on en croit la tradition. La main du temps, qui en arrache chaque jour quelques pierres, le fera disparaître du front de la roche isolée, sans l'effacer de la mémoire des hommes. Artistes, donnez une page de votre album aux restes du château de Mussel!

Nous étions partis de Bonneville au lever du soleil, et trois heures après nous arrivions à Cluse. L'Arve partage cette petite ville en deux parties : l'une et l'autre semblent destinées à périr englouties sous une avalanche de rochers ; elles sont peuplées d'horlogers qui confectionnent des mouvements de montres dont ils pourvoient Genève et l'Allemagne. On parlait autrefois des solennités patriotiques de Cluse : à l'une des fêtes de la Pentecôte, les bourgeois, en armes et en uniforme, allaient tirer un oiseau sur un roc très-élevé ; celui qui le renversait était proclamé abbé de la Bazoche ; et le premier usage qu'il faisait de son titre était de créer un bourgeois [1].

Quand vous avez dépassé Cluse, vous entrez dans une gorge étroite et tortueuse, dont l'Arve occupe presque toute la largeur ; la route est resserrée entre la rivière et la montagne de St-Sigismond, dont les rocs vifs et tranchants, espèce de marbre grossier d'une couleur sombre, surplomblent sur la tête du voyageur. De l'autre côté de l'Arve, une chaîne de montagnes s'élève à pic, comme un rempart hérissé de bastions et de créneaux. Sur un plan plus éloigné, et au dessus de ces étranges fortifications, se dressent des sommités, ici, nues et sillonnées par de larges bandes de neiges; là, couvertes d'épaisses forêts de sapins, couronnées alternativement de hautes pyramides et de plates-formes horizontales. Dès l'entrée de la gorge, l'œil est frappé de la variété des

---

(1) Dans le courant du mois de juin 1843, un terrible incendie a réduit Cluse en cendres ; les flammes n'ont épargné que l'église et six maisons.

formes de ces masses gigantesques, de la bizarrerie de leur dentelure, de la teinte rembrunie de leur vêtement, de leur décoration mélancolique et sombre; si vous ne saviez que vous êtes parvenu dans un des sites les plus pittoresques des Alpes, vous le devineriez à la majesté sauvage du tableau, et à l'impression de surprise que vous éprouvez.

Gabriel s'était arrêté à Cluse. Nous avions pris le devant, et nous nous enfoncions dans la vallée avec une sorte de crainte, car nous craignions qu'il ne fût pas possible de trouver une issue au travers de ces masses de rochers. Des aigles prirent leur vol des hauteurs de la montagne de St-Sigismond, ils traversèrent les airs au dessus de l'Arve et se posèrent sur des crêtes escarpées. Un instant après ils s'élancèrent de nouveau vers la montagne de St-Sigismond, les uns à la suite des autres, décrivant un arc immense dans les airs, lançant aux cieux d'horribles croassements. Tout à coup nous les vîmes se rapprocher de nous, planer, tourbillonner sur notre tête. Mêlés à la voix glapissante des cascades et aux sourds mugissements de l'Arve, leurs cris retentissaient à nos oreilles comme le bruit d'un instrument infernal.

Ces lieux ne semblent point destinés à servir d'habitation aux hommes; cependant on trouve sur la lisière du chemin des châlets adossés aux rochers; mais si chétifs, si misérables qu'ils n'enlèvent rien à la sévère harmonie du paysage. Une petite fille de cinq ou six ans sortit de l'un d'eux et vint nous tendre la main; on eût dit une fraîche et jolie figure de Greuse, dans un cadre sévère et rembruni. Nous nous sentions émus en songeant que cette plante si délicate allait croître au milieu des précipices et des torrents, battue par le vent des tempêtes. Mais n'y a-t-il pas des écueils et des orages sous tous les climats? Cependant Gabriel nous avait rejoints et nous remontâmes dans le char qui nous éloigna bientôt de la jolie enfant dont les yeux nous suivirent longtemps en reconnaissance sans doute du bon accueil que nous avions fait à sa prière.

Nous voici au hameau de Balme : à gauche de la route, la montagne du même nom nous laisse apercevoir l'entrée d'une grotte célèbre dans la Savoie. Un aubergiste y a établi un café, sa femme qui vous attend sur la route, vous vante les agréments du sentier qui y conduit. Vous vous laissez tenter, vous montez sur des mulets et bientôt vous vous trouvez sur de périlleux escarpements au milieu de broussailles qui vous enveloppent et vous déchirent. Vous arrivez enfin au bout du sentier, en maudissant la femme de l'aubergiste, et vous passez sous une voûte d'environ trois mètres d'élévation. La caverne forme une galerie presque horizontale, d'environ quatre-cent-cinquante pas, large et haute à son entrée, se rétrécissant et s'abaissant à mesure qu'elle se prolonge. On marche avec des flambeaux sous des rochers de stalactites réfléchissant la lumière. Quand on a fait un peu plus de trois cents pas, on arrive au bord d'une excavation profonde où l'explosion d'une grenade produit un affreux vacarme. Aussitôt on rebrousse chemin pour prendre un frugal déjeûner à l'entrée de la caverne, et l'écot payé, on se hâte de retourner au hameau de Balme, au risque de se perdre dans le labyrinthe de broussailles. On a vu le palais des fées.

Tous les pays du monde ont leur palais de fées, et il n'en est aucun qui n'ait été le théâtre d'événements plus ou moins extraordinaires. Celui de Balme n'a point échappé à la règle générale. C'était une vieille tradition dans le pays que l'excavation recélait un trésor. La tradition était confirmée par cette circonstance que la pierre jetée dans le trou tombait sur un corps dur qui rendait un son métallique. Mais l'on disait aussi que dès que l'on était descendu à une certaine profondeur, un bouc noir s'élevait du fond de l'abîme pour vous mordre les jambes et vous contraindre à déloger. Vers le milieu du siècle dernier, douze bourgeois de Cluse s'armèrent de reliques, de cierges bénits et de courage, et tentèrent l'entreprise. Ils mirent un arbre en travers de l'excavation, et cinq d'entre eux soutenus par des cordes et descendus par les sept autres arrivèrent au but sans rencontrer le bouc noir, mais aussi, sans trouver ni or, ni argent, ni pierreries ; seulement à la lueur des cierges bénits, ils aperçurent un amas de cailloux brisés qui rendaient le son trompeur que vous savez, et quelques ossements de chamois. A leur retour, les habitants de Cluse ne leur épargnèrent pas les huées et les quolibets ; chaque soir on s'assemblait devant leur porte pour leur lancer le sarcasme, si bien que onze d'entre eux finirent par s'expatrier. Un seul tint bon, et quelques jours avant sa mort il recommanda, dit-on, à ses amis, de l'enterrer sous des cailloux brisés et des ossements de chamois.

Quand on a échappé aux broussailles et aux escarpements de la montagne de Balme, et que l'on arrive sain et sauf au hameau d'où l'on est parti, pour entreprendre cette aventureuse excursion, on retrouve la femme de l'aubergiste sur la route, prête à célébrer votre retour par un coup de canon ; cet honneur vous est rendu moyennant la rétribution d'un franc. Les échos multipliés des montagnes répondent à la détonnation avec des éclats épouvantables et de longs roulements. C'est la voix de vingt tonnerres se répondant sous un ciel pur et radieux. Après cet hymne de triomphe, la femme de l'aubergiste vous permet de continuer votre chemin ; votre équipage qui a pris deux heures de repos, vous entraîne rapidement et vous traversez Maglans, un des plus jolis villages de la Savoie, avec ses eaux cristallines qui descendent du lac de Fraine, ses riants bosquets, ses vergers couverts de fleurs, et ses jeunes femmes aux grâces naïves et piquantes. Une heure après, vous vous arrêtez devant la cascade d'Arpennaz.

Un filet d'eau quelque mince qu'il soit, excite toujours la curiosité, quand il se précipite d'une roche à pic qui n'a pas moins de 266 mètres de hauteur. Nous venions de nous asseoir à l'ombre d'une baraque en bois récemment construite au bord de la route, et nous avions les yeux fixés sur les ondulations de ce ruban légèrement agité, quand nous fûmes accostés par deux bergers qui paissaient leur troupeau dans la prairie voisine. Ils nous apprirent que la baraque recélait un canon dont la détonation produisait un effet plus surprenant encore que celui de Balme. Le gardien de la cabane était absent, mais il ne tarderait pas à revenir, et si nous voulions attendre quelques minutes il ne tiendrait qu'à nous de nous procurer ce divertissement. Nous l'attendîmes une grande demi-heure ; en le voyant enfin paraître nous crûmes toucher au moment d'être récompensés de notre longue attente. Malheureusement l'artilleur savoyard se trouvait au dépourvu d'une chose fort essentielle pour quiconque veut tirer le canon; la gueule de bronze avait tant de fois réveillé dans la matinée les échos d'alentour qu'il ne restait plus un seul grain de poudre dans la baraque. En un mot, nous arrivions après la bataille ; les munitions étaient épuisées. C'était jouer de malheur : il est vrai qu'on ne nous demandait que deux petites heures pour aller à Sallenche et en retourner chargé d'une si abondante provision de poudre qu'on pourrait nous assourdir les oreilles pendant trois jours, si tel était notre bon plaisir. Par respect pour notre itinéraire, nous fîmes nos adieux à la cascade d'Arpennaz, en lui promettant de venir la revoir quand l'orage aurait gonflé ses ondes et l'artilleur renouvelé ses munitions.

Nous côtoyons de nouveau l'Arve ; la vallée s'élargit à gauche. La vue s'arrête sur la teinte pourprée de la montagne de Varrens et sur l'obélisque triangulaire qui la termine; à sa base le village de Saint-Martin se cache derrière un monticule d'ardoises; à droite la montagne des Têtes s'appuie aux pentes escarpées de la montagne du Levant dont la sommité hexagone et tapissée de verdure s'élève jusqu'à la limite des neiges éternelles. Sous la montagne des Têtes nous venons d'apercevoir Sallenche, ses riches prairies et ses maisons de campagne assises de chaque côté de l'Arve. Au fond de la vallée, au dessus de ces masses de rochers et de verdure, quelle est cette magnifique décoration dont les frises éclatantes semblent toucher le ciel? c'est le Mont-Blanc! le Mont-Blanc, non point tel que nous l'avons vu du sommet de la Borne, avec des formes un peu vagues, teint d'un blanc pâle et sans reflet, mais brillant, radieux, vêtu de pourpre et de diamants; le Mont-Blanc suivi d'une longue ligne de pyramides de glaces resplendissant comme lui aux feux du soleil qui inondent l'horizon !

Est-il donné à l'homme de pénétrer au-delà de l'extrémité de cette vallée? ne forme-t-elle pas la limite entre le monde qui nous est échu en partage et un monde magique dont le Mont-Blanc et ses sommités anguleuses défendent l'accès en nous révélant ses merveilles? qui pourrait affronter impunément ces régions de neige et de glaces qui ferment l'horizon comme un océan durci appuyé sur la crête des montagnes? Quel homme ne serait ému à l'aspect de ce tableau! nous restâmes longtemps muets, plongés dans la rêverie et le ravissement. Pour les nobles œuvres de l'art ou de la science, l'admiration; pour les sublimes scènes de la nature, l'extase !

Nous avançons lentement; arrivés à St-Martin, nous traversons l'Arve en nous dirigeant immédiatement vers Sallenche; de l'une à l'autre localité il n'y a qu'une promenade ombragée que l'on franchit en quelques minutes. Sallenche est une ville, Saint-Martin un village. Si Sallenche avait de l'ambition, St-Martin deviendrait son faubourg; un torrent la traverse : pour se frayer un passage dans son sein il a fallu qu'il rongeât des bancs d'ardoises qui s'inclinent suivant la pente de ses eaux; de grands blocs de différentes espèces de granit embarrassent son cours; tout à coup il chasse l'obstacle devant lui et redevient calme et paisible jusqu'à ce que de nouveaux obstacles exigent de nouveaux efforts. Cette ville est ancienne ; autrefois les bourgeois en étaient les seigneurs ; elle avait un chapitre dont la fondation remontait à près de sept siècles, et deux couvents : l'un d'Ursulines, l'autre de Capucins. Le commerce l'avait divisée en quatre parties : la première vendait ses bestiaux à Genève, la seconde fabriquait des draps ; la troisième confectionnait des ustensiles de fer et de cuivre, la dernière formait des charpentiers, des maçons et d'autres ouvriers qu'elle distribuait dans toute la Savoie.

Vous souvenez-vous des malheurs qui avaient été annoncés pour l'an 1840? Les prédictions se sont accomplies pour Sallenche. Cette ville brûla le 12 avril 1840 ; c'est pitié de voir les traces de l'incendie. On commence à la rebâtir. Le sapin cesse de faire presque tous les frais des constructions ; la pierre et l'ardoise le remplacent ; quelques maisons nouvellement élevées en façade sur la place publique se font remarquer par la régularité de leur ordonnance. Nous vîmes peu de monde sur cette place ; c'était pourtant jour de foire : quelques marchands établis dans des échoppes ; quelques rares acheteurs venus du Faucigny ; quelques conducteurs de chars et de mulets ; point de curieux ; point de groupes animés, nul signe de réjouissance. Sallenche est en deuil ; mais laissez-la faire ; grâce à ses architectes, à son heureuse position entre le Faucigny et la vallée de Chamounix ; grâce surtout à l'industrieuse activité de ses habitants et à son orgueil de reine, car elle règne en quelque sorte dans ces contrées séparées du reste du monde ; oui, grâce à tout cela, Sallenche sera dans dix ans plus belle, plus brillante et plus animée que jamais.

CHAPITRE VIII.

Servoz — Le cabinet d'histoire naturelle — Le château de Saint-Michel.

Les postillons de St-Martin sont embrigadés et jouissent du privilége de conduire les étrangers qui se rendent dans la vallée de Chamounix. Il fallut donc nous séparer de Gabriel qui emporta la double étrenne promise ; et nous fit en partant les plus grandes protestations de dévouement. Nous quittions un char, nous montâmes dans un char. La route est rectiligne et tracée au fond de la vallée, tout le long et presqu'au niveau de l'Arve que l'on continue à remonter. On côtoie d'abord le pied des montagnes, foulant la pierre calcaire brune, le quartz et le spath blanc; de l'autre côté de l'Arve des collines couronnées de forêts s'étendent sur un lit d'ardoises feuilletées; au bout d'une lieue, la pierre calcaire brune, le quartz et le spath blanc disparaissent; le tableau change subitement. Autour de nous des vignobles où pend la grappe dorée, des arbres chargés de fruits dont les rameaux s'étendent sur notre tête pour nous offrir la dîme due aux passants, des cascatelles qui tombent des rochers pour désaltérer de gras pâturages; à notre gauche, sur la hauteur, la croix de l'église de Passy dominant la cime touffue des vergers; à notre droite le Mont-Jovis et sa profonde coupure où bruit le Nant-Bérard; dans le lointain, deux pointes de rochers que vous prendriez pour les voiles d'un navire enflées par le vent. Bientôt la vigne, les arbres chargés de fruits, les cascatelles disparaissent à leur tour. La route devient montueuse. Nous arrivons au village de Chede. Le Mont-Blanc surgit à l'horizon comme un dôme gigantesque. A cinquante pas de la route, la cascade de Chede se cache sous des massifs de verdure. Au midi, là bas, sur le sommet d'une colline, Saint-Gervais semble demander à la Tête-de-Monfort, crête culminante de la montagne de Verdagne, un abri contre les vents du sud et de l'est. Nous saluons de nouveau le Mont-Blanc, et nous ne quitterons la route, où chaque pas que nous faisons nous rapproche du colosse, ni pour aller visiter la cascade, ni pour aller nous plonger dans les eaux thermales de Saint-Gervais. Nous verrons dans l'Oberland bernois la cascade de Giessbach dont le souvenir effacerait celui de la cascade de Chede, et le soin de notre santé n'exige nullement l'usage des gaz hydro-sulfuriques. Mais la route, comme pour tromper notre impatience, serpente en méandres dans un étroit défilé. Nous nous éloignons de l'Arve qui gronde sous le Pont-aux-Chèvres. Dans le creux de la clairière que nous traversons, un petit lac réfléchissait, il n'y a pas longtemps encore, les cimes neigées du Mont-Blanc. En 1837, on entendit un bruit terrible ; puis, on ne retrouva plus ce petit lac : il avait disparu sous des blocs de granit et des masses de calcaire tombés des montagnes voisines. Les vallées des Alpes sont des galeries de tableaux exposées aux regards des voyageurs. De temps à autre, la nature en renouvelle quelques-uns. Quinze minutes après avoir dépassé le lac, on traverse le Nant-Noir au fond d'un petit ravin creusé dans un sol d'ardoise ; puis, la route contourne à gauche en suivant la direction des montagnes des Fiz, de Pormenaz, de Chailliat et de Fez, qui vont former un cintre autour du village de Servoz. En 1751, une partie de la montagne de Fiz donna l'exemple à celles qui comblèrent plus tard le petit lac de Chede ; elle s'écroula : ses débris d'ardoises, de marbre et de grès vinrent s'entasser au nord-est de Servoz. Une haute aiguille, la Pointe-de-Sales, resta seule debout au milieu des décombres, pour marquer la place que le sommet de la montagne démantelée avait occupée.

La couleur sombre des rochers sans verdure, leur coupe tristement uniforme, les amas de débris naturels qui gisent à leurs pieds, donnent à Servoz un aspect désolé. Notre nouveau guide nous condamna à y faire une halte d'un quart d'heure. Nous employâmes ce temps à visiter un cabinet d'histoire naturelle. Un cabinet d'histoire naturelle à Servoz ? dira-t-on avec étonnement. On cultive donc les sciences à Servoz ? Point du tout : voici, une fois pour toutes, en quoi consiste un cabinet d'histoire naturelle dans les Alpes centrales. Vos mulets viennent de broyer sous leurs pieds du quartz, du mica, du marbre, de l'ardoise, des schistes, des feldspath, des granits, des tufs jaunâtres, des roches de corne. Demain, vous en retrouverez les débris dans ces cabinets, soigneusement placés sur des étagères et ornés d'une étiquette, entre quelques morceaux de cristal et des feuilles d'amianthe, deux chamois et un bouquetin empaillés. Un aubergiste (car l'aubergiste est inévitablement le naturaliste de l'endroit), vous en fera les honneurs avec une gravité académique. Vous achèterez un de ces débris que vous aurez dédaignés sur le chemin, et vous le paierez au poids de l'or. Cela vous arrivera une fois certainement, deux fois peut-être ; mais vienne une troisième boutique étaler devant vos yeux ces mots pompeusement incrustés dans la pierre grise : *Cabinet d'histoire naturelle,* et vous aurez soin de vous tenir à la distance respectueuse de trente pas.

Au delà de Servoz, on traverse le torrent de la Dioza près duquel on a élevé un monument à la mémoire d'Eschen qui périt, en 1801, dans une excursion sur le Mont-Buet. Il y a loin du torrent de la Dioza au Mont-Buet, dont nous apercevrons le sommet quand nous sortirons par Valorsine de la vallée de Chamounix. Mais ces deux points éloignés sont mis en communication par une gorge étroite. C'est à l'entrée de la gorge qu'on a donné la sépulture à Eschen. Naturaliste, littérateur et poëte ; il était né dans la Souabe Inférieure. M. Aymar, un Français, a élevé ce monument.

Nous nous éloignons à petits pas. A droite, les ruines du château de St-Michel se montrent sur la sommité d'une roche décharnée : sa position est admirable de mélancolie. Qui donc imagina d'élever des murailles au milieu de ces précipices? de troubler le silence et le repos de cette triste solitude? Pour notre honneur, ce n'est pas un homme. Mais qui donc? Le diable, oui, le diable, en personne. En Suisse, le diable a jeté des ponts sur des torrents ; pourquoi n'aurait-il pu construire un château en Savoie?

Il y a là dessus une interminable légende. Le guide nous la conta ; mais elle n'eut pas le mérite de fixer notre attention. Il terminait son récit au moment où nous traversions le pont Pelissier. Nous passâmes du pied de la montagne de Fer à celui de la montagne de Verdagne. Nous gravîmes un chemin rapide, taillé dans le roc vif, marchant sur la pierre de corne, dispersée sous la forme d'une poudre grise, et sur la plupart des minéraux qui composent les montagnes primitives. Des blocs de granit veiné, répandus çà et là sur les bords de la route, nous annonçaient que nous approchions de la base du Mont-Blanc. Les plantes alpines commençaient à orner le paysage, c'était principalement la saxifrage cotylédon, l'astrantie et l'auricule, qui s'habille dans nos jardins de riches couleurs, sans y apporter la suavité de ses parfums. L'Arve coulait dans le fond d'un abîme ; son écume s'élevait comme un tourbillon de poussière au dessus des arbres dont ses bords sont hérissés. Sur une masse de rochers noirs, taillés presque à pic, teints çà et là de couleurs métalliques, le vert obscur des sapins contrastait avec le blanc argenté des bouleaux. Nous passâmes le Nant-de-Nayen, qui marque la limite du défilé des Montées. La route tourna brusquement à gauche et nous entrâmes dans la vallée de Chamounix.

CHAPITRE IX.

La vallée de Chamounix — Le Mont-Blanc — M. de Saussure — Les tentatives d'ascension — Les glaciers.

La vallée de Chamounix, légèrement recourbée en forme d'arc, court dans la direction moyenne du sud-ouest au nord-est. Son lit, qui s'évase en forme de berceau, est coupé, d'une extrémité à l'autre, par l'Arve. Sa longueur est d'environ six lieues; sa largeur d'un quart de lieue. Une infinité de petits champs et de petites prairies, séparés les uns des autres par des haies de branches de sapins, attestent que la plus grande partie de ses habitants est propriétaire. Elle se divise en trois paroisses, celle des Ouches, située à son extrémité sud-ouest; celle d'Argentière, à son extrémité nord-est; et celle du Prieuré, enclavée entre les deux autres. Nous parlerons plus tard des trois bourgs qui leur ont donné leur nom. Outre ces bourgs, on y trouve plusieurs hameaux et un assez grand nombre de chalets isolés. Le hameau des Prés et celui des Bois, assis sur la verdure, à demi cachés sous le feuillage, touchant à la rive gauche de l'Arve, par de longues allées, et à la grande chaîne du Mont-Blanc par de petits bois d'aulnes, forment de charmants accidents au milieu de cette contrée si fraîche, si pittoresque. Mais quelque gracieux que soit le lit de la vallée, il n'arrête pas longtemps les regards: l'attention se porte bientôt sur les montagnes qui l'environnent : c'est là le théâtre des phénomènes et des merveilles.

Le col de Balme borne la vallée au nord-est, et les monts Lacha et Verdagne au sud-ouest. Les sommités du col de Balme se font remarquer par des couches d'ardoises grises, brillantes, disposées verticalement. Les monts Lacha et Verdagne sont des composés d'ardoises et de pierres calcaires, irrégulièrement inclinés. Le mont Breven et les Aiguilles-Rouges forment le côté nord. Le mont Breven élève en étages ses flancs de granit, mélangés de mica et de lames de fer qui colorent la pierre en se décomposant. Sa cime ardue est accessible par une espèce de couloir ouvert d'un côté, que les pluies et les avalanches ont creusé dans le rocher. Taillée à pic du côté de la vallée et arrondie de tous les autres, les débris qui y sont amoncelés attestent que la main du temps y sapa, par sa base, quelque aiguille qui la dominait. La neige s'y teint quelquefois d'une couleur rouge, produite par une sorte de poussière, dont l'analyse n'a point encore déterminé la substance. Quand le temps est à l'orage, il s'y forme des courants d'électricité, et l'étincelle jaillit du bouton de métal au contact du doigt du voyageur. Les Aiguilles-Rouges ont tiré leur nom des roches feuilletées, rougeâtres, dont elles sont composées. Vous diriez, à voir leur forme triangulaire, le fer ardent d'une lance qui menace le ciel. Le Mont-Blanc ferme le côté sud. Le Mont-Blanc est un spectacle imprévu, magnifique, qui épuise les sensations de l'esprit et les émotions de l'âme. Peintre, architecte et poète à la fois, la nature semble l'avoir disposé tout exprès pour jeter un défi à l'imagination de l'homme. Elle n'employa dans sa composition que la pierre, la glace, la neige; néanmoins, les plus fantastiques et les plus merveilleux palais des conteurs de l'Orient, paraissent pauvres et misérables quand on considère la beauté de cette œuvre; leurs proportions sont mesquines comparées à son immensité, et leurs pierreries ternes et pâles devant l'éclat et la transparence de ses couleurs. Pour se figurer le Mont-Blanc, il faut se représenter deux chaînes de montagnes parallèles de six lieues de longueur, d'une hauteur prodigieuse, séparées par un espace de deux lieues, l'une, inclinant au nord du côté de la vallée de Chamounix, du Breven et des Aiguilles-Rouges; l'autre, tournant au midi vers le val de Ferret, la vallée de Veni et l'Allée-Blanche; la première, regardant la Suisse; la seconde, la France et l'Italie. Sur les flancs de ces montagnes il faut tailler des rampes arides, étendre des pâturages, planter des forêts, construire des chalets et des hameaux, dérouler des glaciers; sur leurs têtes, élever des pics abruptes, des aiguilles sveltes, des pyramides, des obélisques bizarres; puis il faut combler l'intervalle qui sépare les deux chaînes par un amas de neiges durcies, montant presque à la hauteur des pics, des aiguilles, des pyramides et des obélisques. La crête de cet amas de neige sera aplatie et présentera une surface de plusieurs lieues d'étendue ; du milieu de cette plaine, blanche comme l'albâtre, où nul bruit ne troublera le silence, où nul insecte ne rampera, où nulle plante ne pourra naître, vous ferez surgir un mont d'une hauteur plus prodigieuse encore que celle de toutes les montagnes sur lesquelles reposeront ses pieds; un mont à triple tête, tout surchargé de neiges et de glaçons ; rouge aux rayons du soleil du matin et du soir, morne et pâle à la clarté du crépuscule : vous appellerez la tête qui fait face à l'orient le Pic de Tacul, celle qui fait face à l'occident le Dôme du Goûté ; vous ne nommerez pas celle du milieu, la plus élevée, la plus éclatante, la plus majestueuse ; et de la réunion de ces trois têtes gigantesques vous formerez le Mont-Blanc. Mais quand vous aurez fait tout cela vous n'aurez encore qu'une idée imparfaite de ce sublime spectacle ; pour approcher de la réalité, il faudra le colorer de teintes vives, chaudes, tranchantes ; opposer l'aspect lugubre de l'ardoise au chatoiement du quartz, étincelant comme la pierre de Labrador ; les tons ternes, gris foncés, jaunes ou rougeâtres des rochers, à la surface argentée des glaciers ; le vert obscur des forêts au blanc mat des champs de neiges ; les ombres que projetteront les croupes des montagnes sur la vallée, les pics et les aiguilles sur les croupes des montagnes, à l'éblouissante poussière des cascades et des torrents, aux radieux panaches des grands arbres, à la pourpre resplendissante des cimes élancées ; et quand, étonné, ébloui, vous serez parvenu à saisir, à vous figurer toutes ces formes, toutes ces couleurs, tous ces contrastes, s'il arrive qu'une vapeur légère flotte à l'horizon, s'abaisse en se nuançant de gris pâle et d'azur, et s'étendant comme un voile, dérobe à vos regards la base et les flancs des montagnes, alors la triple tête du Mont-Blanc ne tiendra plus à la terre, vous aurez devant vous un tableau étrange, magique, merveilleux ; l'effrayant colosse apparaîtra à votre imagination troublée, comme suspendu dans les airs à la voûte des cieux, ou porté sur les flots d'une mer sans rivage, prête à s'entr'ouvrir sous sa masse et à l'engloutir dans ses abîmes.

Comme les Cordilières, l'Oural et le Caucase, la chaîne du Mont-Blanc est toute granitique. Les pierres secondaires, telles que le gypse, la roche calcaire et l'ardoise, semblent plaquées sur sa croupe. Elle ouvre aux botanistes l'immense trésor des plantes alpines, que la science n'a point épuisé. Parmi elles, il faut distinguer le *rhododendron ferrugineux* dont la corolle d'un rouge vif, campanulée, marquée au dehors de points dorés, se balance sur une tige couverte de feuilles oblongues, lancéolées, toujours vertes : fleur gracieuse comme la rose de nos jardins, elle a mérité le surnom de rose des montagnes.

Le Mont-Blanc proprement dit a 3,703 mètres de hauteur au dessus du niveau de la vallée de Chamounix. Le Chimboraço, qui fait partie de la chaîne des Cordilières, n'en a que 3,120 au dessus de la plaine de Quito. Ainsi le Mont-Blanc surpasse les Cordilières en hauteur relative de 583 mètres. Mais le sol de la vallée de Chamounix n'est élevé que de 1,028 mètres au dessus du niveau de la vallée, et celui de Quito l'est de 3,313 mètres. Le Chimboraço reprend donc en hauteur absolue la supériorité sur le Mont-Blanc. La géographie tient compte de cette dernière différence en faveur des Cordilières. Le voyageur dont l'œil aime à mesurer les montagnes, en les suivant de la base au sommet, donne la préférence au Mont-Blanc.

On a cru longtemps que la tête de ce géant était inaccessible. M. de Saussure, le célèbre naturaliste genevois, qui, depuis l'année 1760, explorait sans cesse la chaîne des Alpes, avait fait publier dans les trois paroisses de la vallée qu'il donnerait une récompense considérable à celui qui trouverait une route pour y parvenir. Ces promesses excitèrent l'ardeur des guides; mais leurs tentatives échouèrent devant des difficultés inouïes. En 1784, M. Bourrit entreprit l'ascension. Il passa la nuit en plein air à la hauteur de 2399 mètres, et parvint le lendemain à la région des neiges. Il fallait se frayer un passage avec la hache et le bâton entre d'horribles crevasses et des pics élevés, escalader des murs de glaces, errer dans des labyrinthes où chaque pas révélait un nouveau péril; et ces obstacles ne le décourageaient pas. Mais tout à coup un nuage se forme sur la cime du Mont-Blanc; il s'avance, plonge le voyageur dans les ténèbres, et l'entreprise est abandonnée. En 1785, M. de Saussure voulut marcher lui-même à cette conquête. Il partit le 12 septembre du village de Bionnassay, s'installa à la chute du jour au pied de l'Aiguille du Goûté, et, debout sur le point le plus culminant du rocher, mesura avec l'électromètre le degré de l'électricité aérienne. Le lendemain, il s'éleva à la hauteur de 3,726 mètres au dessus du niveau de la mer, salua dans le lointain l'Isère, le lac de Genève, le Jura, et, désespérant de pouvoir franchir un champ de neige fraîchement tombée, il retourna sur ses pas, se consolant du succès incomplet de son voyage par l'idée que du moins il ne serait pas tout à fait stérile pour la science. La gloire de tracer la route était réservée à Jacques Balmat, chasseur de la vallée de Chamounix et au docteur Paccard de la même vallée. Vers la chute du jour, Jacques Balmat s'était égaré au milieu des glaciers. Après avoir erré quelque temps, il passa debout sur la neige une de ces nuits affreuses qui, même dans les constitutions les plus robustes, affaiblissent en quelques heures les organes de la vie. Le lendemain il aperçut la cime du Mont-Blanc à une distance peu considérable, et découvrit un passage pour en approcher. Mais ses forces épuisées ne lui permirent pas de tenter ce dernier effort. Il redescendit au Prieuré, et fit part de sa découverte au docteur Paccard. Le 7 août 1786, ces deux hommes intrépides partent, et le 8, à quatre heures du matin, ils erraient déjà dans les champs de glace. A trois heures après midi, leur foi dans le succès commençait à s'ébranler. La fatigue et le froid rendaient le docteur hésitant. Jacques Balmat l'encourage. Tout à coup un couloir de glace s'ouvre, le Mont-Blanc est sur leur tête, brillant, illuminé comme pour une fête ! à six heures et demie, ils étaient parvenus au sommet vierge du colosse.

Il existait dans la vallée un homme du nom de Jean-Pierre Terras, intelligent, actif, tenant au Prieuré une auberge qui avait besoin d'être achalandée. M. de Saussure n'avait point logé chez lui en 1760, lors de sa première excursion dans les Alpes centrales. Madame Couteran, veuve d'un ancien notaire, lui avait donné l'hospitalité, et il avait continué de s'accommoder de son gîte plus que modeste. Mais il n'en affectionnait pas moins Jean-Pierre Terras qui, joignant à sa qualité d'aubergiste la qualité de guide et de chasseur, lui avait fourni plusieurs fois d'utiles renseignements. Jean-Pierre Terras n'aurait pas été fâché que M. de Saussure vînt donner dans l'occasion un peu de lustre à son auberge, en y prenant son logement. Aussitôt après avoir aperçu, à l'aide de sa lunette d'approche, Jacques Balmat et le docteur Paccard sur la cime du Mont-Blanc, il écrivit au naturaliste pour lui annoncer cette grande nouvelle. L'exprès auquel il confia sa lettre arriva le lendemain à Genève. M. de Saussure la lut avec empressement; son visage se colora d'une vive rougeur, il porta la main sur son front et resta quelques instants dans un état d'immobilité complète. Il y avait dans l'expression de ses traits un mélange de surprise, d'enthousiasme et de regrets. Le 13, il répondit à Jean-Pierre Terras dans les termes qu'on va lire. Pendant le séjour que j'ai fait au Prieuré, Victor Terras, fils de ce dernier, m'a permis de prendre copie de cette lettre. Son père la lui a léguée, et il la lèguera à ses enfants.

« Genève, ce dimanche, 13 août 1786.

» Je vous recommande, mon cher Jean-Pierre, madame la comtesse de Sannazari et sa compagnie; après avoir visité les curiosités de Chamounix, elle veut prendre des mulets pour retourner en Italie par le Simplon ou par le Griès, et je lui ai conseillé de s'adresser à vous et de prendre vos mulets pour tout le voyage plutôt que d'en prendre de lieu en lieu, comme c'était son dessein : j'espère que vous la servirez bien, soit pour la qualité du mulet, soit pour le prix, et que je n'en aurai aucun reproche. Si vous pouviez lui donner Jean, votre garçon, qui m'a accompagné dans de semblables voyages, et en particulier au passage de Griès, je crois qu'elle serait fort contente.

» Je vous suis entièrement obligé de la peine que vous avez prise de m'envoyer un exprès et de m'écrire une lettre pour m'annoncer l'heureux succès de l'expédition de M. le docteur Paccard. J'ai été charmé d'apprendre cette nouvelle tout des premiers et de l'apprendre d'une manière certaine, je donnai deux écus neufs à l'exprès, et il m'a dit que cela lui suffisait.

» A présent je vais vous confier une chose que je vous prie de tenir extrêmement secrète : c'est que je souhaiterais de tenter la même route, non pas que je me flatte d'aller jusqu'au bout, je n'ai ni la jeunesse ni la légèreté de M. le docteur ; mais je pourrai au moins m'élever à une assez grande hauteur, et faire là des observations et des expériences qui me seraient très-importantes. Or, comme il paraît qu'ils ont eu beaucoup de peine à traverser le glacier qui est au haut de la montagne de la Côte, je voudrais que vous y envoyassiez tout de suite cinq ou six hommes au moins pour aplanir la route autant que cela est possible. Vous leur paierez de bonnes journées que je laisse à votre discrétion, et je vous rembourserai le tout. L'essentiel est de choisir des hommes sûrs et de bons travailleurs. Vous pourriez mettre à leur tête ce Jacques Balmat qui a fait le voyage avec M. Paccard, et lui donner même à lui une plus forte paie. Il faudrait qu'ils commençassent par faire une cabane au haut de la montagne de la Côte, où ils se retireraient les soirs et pendant les mauvais temps. Cette cabane me servirait à moi-même pour y dormir lorsque j'y irais.

» Je souhaiterais même qu'ils fissent une autre cabane plus haut dans quelques rochers au milieu des neiges, parce que la traite serait forte pour moi d'aller depuis le haut de la montagne de la Côte jusques au haut, et alors je pourrais coucher là ou m'y réfugier en cas de mauvais temps.

« Mais dans tout cela je vous défends très-expressément de me nommer : dites que tout cela vous a été commandé par un seigneur italien qui ne veut pas être nommé. J'ai les raisons les plus fortes de souhaiter de n'être point nommé et que personne ne sache que j'ai ce projet dans la tête.

« Je compte arriver à Chamounix jeudi ou vendredi prochain, et je souhaiterais qu'alors l'ouvrage fût fait ou bien avancé, et pour qu'il n'y ait aucune difficulté, j'ai renfermé deux doubles louis dans cette lettre pour payer les premières journées et du vin aux ouvriers.

« Je me ferais un véritable plaisir d'aller loger chez vous, si mes anciennes liaisons avec la brave dame Couteran n'étaient pas un engagement que je ne saurais rompre. Comptez que vous n'y perdrez rien et que si vous exécutez ma commission avec la promptitude et le secret que je desire, j'en conserverai une éternelle reconnaissance.

« Je vous prierai enfin de commander une échelle de douze à treize pieds de longueur et dont les bâtons soient plats. Cette échelle étant couchée servira à passer les fentes des glaciers, et étant dressée peut servir à escalader quelques rochers ou quelque pente de glace. Il faut qu'elle soit solide, mais pourtant assez légère pour qu'un homme puisse la porter. Par le moyen de cette échelle les travailleurs n'auront pas besoin de chercher des détours ni de tailler la glace partout où les fentes n'auront pas plus de largeur que cette échelle ; et il faudra qu'ils en prennent une toute faite de cette longueur en partant, ils sauront bien s'en servir quoiqu'elle ait des bâtons ou des échelons ronds ; et en attendant on me fera la mienne qui sera plus commode à monter avec des échelons plats.

« Si le temps n'est pas bien beau, les ouvriers pourraient toujours commencer à construire la cabane au plus haut de la montagne de la Côte, tout au bord des glaces s'il est possible, et au cas où il n'y aurait pas là de pierres plates, ils pourraient la faire avec des branches de sapins garnies de leurs feuilles. Quand elles sont bien redoublées, elles garantissent très-bien de la pluie.

« J'aurais pu m'adresser à d'autres personnes de Chamounix pour cette commission, mais je vous connais beaucoup de zèle et d'intelligence, de sorte que j'espère que ma confiance aura été bien placée. D'ailleurs, si ma tentative est couronnée d'un heureux succès, j'en publierai la relation et je ne manquerai pas de vous faire honneur de la part que vous y aurez eue, et cela augmentera sûrement votre réputation et celle de votre auberge.

« Je suis, mon cher Jean-Pierre,

Votre bien affectionné,

« DE SAUSSURE. »

Jean-Pierre Terras fronça les sourcils en lisant cette lettre. M. de Saussure ne descendrait pas chez lui ; mais ces mots : *cela augmentera sûrement votre réputation et celle de votre auberge*, le chatouillaient agréablement ; d'ailleurs, il avait pour hôtes la comtesse de Sannazari et sa compagnie qui s'étaient présentés la lettre de M. de Saussure à la main, et c'était déjà une fort bonne aubaine. Il prit donc résolument son parti et exécuta de point en point tout ce qui lui avait été prescrit. Trois jours après, vers la tombée de la nuit, M. de Saussure arrivait mystérieusement dans la maison de la veuve Couteran : — Hé bien, Terras, lui dit M. de Saussure en le voyant entrer, vous êtes-vous souvenu des instructions du seigneur italien? — Oui, Monsieur, répondit l'aubergiste en s'inclinant, le seigneur italien a été obéi. Mais tous les préparatifs que j'ai faits seront inutiles, et je crains bien que, pour cette année, il n'y ait plus rien à faire. Jean-Pierre Terras avait deviné juste. Pendant les huit jours qui suivirent, la neige et la pluie se succédèrent. M. de Saussure retourna à Genève après deux semaines d'une vaine attente.

L'année suivante (1787) Jacques Balmat fit dans le mois de juin deux tentatives inutiles pour atteindre à la cime qu'il avait déjà visitée avec le docteur Paccard. Le 5 juillet, il en fit une nouvelle en compagnie de Jean-Michel Cachas et d'Alexandre Tournier, qui fut couronnée de succès, et il voulut en porter lui-même la nouvelle à M. de Saussure. Il entrait dans Sallenche quand il aperçut une caravane à la tête de laquelle marchait le naturaliste qu'il allait chercher à Genève. M. de Saussure était accompagné de son fils aîné, de sa femme, des deux sœurs de celle-ci et d'un nombreux domestique. Il serra vivement la main au courageux Jacques Balmat, et ils prirent tous ensemble le chemin du prieuré. Pendant quatre semaines la pluie ne cessa pas de tomber. Mais M. de Saussure était bien décidé d'attendre, s'il le fallait, jusqu'à la fin de la saison. Le moment tant desiré arriva enfin, et il se mit en marche le 1er août, accompagné d'un seul domestique et de dix-huit guides chargés de ses instruments de physique. Son fils resta au Prieuré pour y faire des observations correspondantes à celles qu'il ferait lui-même sur la cime du Mont-Blanc.

Les détails de cette ascension sont connus. Le 3 août, M. de Saussure n'avait rien à envier à Jacques Balmat et au docteur Paccard. A onze heures du matin il installait son observatoire sur la cime du Mont-Blanc, et l'œil fixé au télescópe, il saluait avec émotion l'étendard que sa famille avait arboré au prieuré en le voyant, à l'aide de lunettes d'approche, atteindre au but de son entreprise.

Vingt-deux ascensions ont suivi la sienne. Les plus extraordinaires sont celles de Maria Paradis, servante d'auberge au prieuré, et de Mlle Dangeville de Paris ; les plus récentes, celles du marquis impérial de Gontaurel de Gênes et de l'avocat Chenal de Sallenche, qui eurent lieu les 25 et 31 août 1840 [1].

C'est autour de la base du Mont-Blanc, entre les sommités des hautes montagnes qui lui servent de piédestal, qu'il faut chercher les plus vastes glaciers de la Savoie. Quelques-uns de ces amas de neiges éternelles, durcis par l'intensité de froid, descendent en serpentant vers la vallée, comme des golfes qui s'avancent dans les terres. Ce sont les glaciers de Gria, de Taconnay, des Bossons, des Bois, d'Argentière et de la Tour. Divisés en grandes tranches transversales séparées par de profondes crevasses, ils présentent aux regards de grands et beaux accidents, des formes bizarres d'aiguilles, de tables, de tours, d'obélisques, de crêtes percées à jour, de franges admirablement découpées. La couleur de ces aspérités si diverses, si singulières n'a ni l'uniformité de celle de la neige qui couvre nos plaines pendant l'hiver, ni l'éclat miroitant de nos lacs congelés. Sur les parois des aiguilles, sur les bords et à l'ouverture des crevasses, des teintes bleues et verdâtres se détachent d'un blanc mat, vives, chaudes et cha-

---

1 Depuis que ceci est écrit, trois autres ascensions ont eu lieu.

toyantes. L'azur du ciel n'en est point la cause déterminante ; car les vapeurs qui s'amassent dans l'atmosphère n'enlèvent rien à leur transparence et à leur pureté. J'ai examiné avec beaucoup d'attention ce phénomène ; il me semblait que ces couleurs formaient un corps compacte susceptible de division et d'analyse, et quand ma main croyait les saisir, elles disparaissaient tout à coup du fragment de glace que je venais de détacher du bord de la crevasse. Les gouttes d'eau qui courent sur la surface ridée du glacier, les petits filets qui sillonnent ses flancs se congèlent le soir dès que la température descend au-dessous de zéro, et mille fleurs en jaillissent aux formes capricieuses ; bouquets destinés à vivre une seule nuit sous un ciel d'ébène et à la lueur scintillante des étoiles.

Il fallait un cadre à ce magique tableau. L'avalanche entoure ses bords d'un épais feston de rochers , de sable et de débris ; vastes amas nommés Moraines, qu'une autre avalanche jettera un jour dans le fond de la vallée avec un bruit pareil à celui du tonnerre.

Ces glaciers ne sont pas éternellement uniformes: de temps en temps des crevasses se forment ou se ferment ; les aiguilles, les tables, les tours, les obélisques s'écroulent, d'autres s'élèvent sur leurs débris ou dans les intervalles qui les séparaient. La masse tout entière tend incessamment à descendre vers la vallée ou à s'en éloigner. De son extrémité inférieure s'échappent des gouttes d'eau qui se réunissent en torrent : le torrent les verse dans l'Arve, l'Arve dans le Rhône. Elles traverseront le lac de Genève sans se confondre avec ses ondes, baigneront les murs de Lyon, arroseront les rives de la Provence, et iront enfin se mêler et se confondre avec les flots amers de la Méditerranée. Malgré ces pertes continuelles, le glacierne s'appauvrit jamais ; aux premiers jours d'automne, de nouvelles couches de neige s'étendront sur sa surface pour servir d'aliment à cet éternel réservoir de la France méridionale.

On ne trouve, dans la vallée, ni chênes, ni chataigniers, ni même aucun arbre fruitier cultivé ; les pommiers, les cerisiers qui y croissent sont tous d'espèce sauvage; les feuilles de mélèze transsudent, en certains temps, une espèce de manne que les abeilles recueillent avec avidité : il en résulte un miel blanc, d'un grain brillant, exhalant un léger parfum de fleur, plus agréable pour les palais délicats que les miels de Malte et de Narbonne. Ce mets est, dans la vallée de Chamounix, le complément indispensable de tout déjeûner, composé de beurre et de laitage. La terre ne répond aux espérances du cultivateur qu'à force d'engrais : verdoyante et parée à la surface, maigre et ingrate au dedans, c'est la misère cachée sous une joyeuse enveloppe ; elle produit du blé noir, du seigle, de l'avoine, du chanvre, un peu de pommes de terre. Chaque propriétaire divise son champ en deux parties : l'une est ensemencée pour la nourriture de l'homme, l'autre se repose et donne des pâturages pour les génisses et les brebis. Cinq ans après, la première nourrit le bétail, et la seconde est mise à son tour en culture. Vers les premiers jours du mois de mai les femmes se promènent, à pas comptés, sur la neige et y répandent, à pleines mains, de la terre noire, dont les jets divergents et symétriques forment des dessins chinés comme une étoffe. La neige se fond le lendemain : on sème quinze jours plus tôt qu'on ne le ferait sans cette pratique ingénieuse, et le grain vient à maturité dans les derniers jours du mois d'août. La récolte est quelquefois troublée par les ouragans. Le vent du sud s'échappe des montagnes, renverse les arbres, puis, repoussé par d'autres montagnes, revient en tournoyant enlever la toiture des chalets. Si le chanvre est entassé en monceaux, il se prépare des scènes singulières et tragiques : le vent éparpille les chalumeaux, les emporte d'un champ sur un autre, et voilà la guerre allumée. Les hommes qui habitent cette contrée sont d'une taille moyenne, et robustes; leur physionomie ne manque pas de caractère : les uns servent de guides aux voyageurs pendant le cours de la belle saison, et vont chercher du vin à Chambéry quand les frimats défendent aux étrangers l'entrée de la vallée ; les autres quittent la Savoie et se répandent dans le midi de l'Europe. Honnêtes et fidèles, ils reviendront un jour, portant avec eux le fruit de leurs économies et l'espoir d'une heureuse vieillesse. La plupart des femmes ont de la grâce et de la fraîcheur : nous en avons rencontré plus d'une dont la beauté serait remarquée dans le monde. En été, elles cultivent les champs ; l'hiver venu, elles filent et teillent du chanvre ; le soir, accroupies autour du poêle, vous les entendriez raconter l'histoire des chasseurs morts dans les glaciers, des cristalliers disparus dans la tempête. Cette société est peu exigeante : la maîtresse du logis ne lui sert, pour tout rafraîchissement, qu'une cruche d'eau et un bassin de pommes sauvages cuites sous la cendre.

Ecoutez les Anglais : en l'année 1841, deux de leurs compatriotes, Pocock et Windham, ont *inventé* la vallée de Chamounix. Ces deux terribles aventuriers s'armèrent jusqu'aux dents pour pénétrer dans le *Campus-munitus* des Romains. Malheureusement pour leur gloire, il résulte des archives de la paroisse du Prieuré que, dès l'année 1330, le prieur, qui réunissait la puissance temporelle à la puissance spirituelle, faisait des lois contre les étrangers. Vous le voyez : les Anglais ont *inventé* la vallée de Chamounix, comme ils ont inventé la force motrice de la vapeur, dont Hiéron d'Alexandrie avait reconnu la puissance, il y a bientôt 2000 ans, et que Papin, un Français, avait appliquée aux marmites avant qu'ils ne l'appliquassent aux vaisseaux. Toutefois, justice à l'Angleterre : elle n'invente pas toujours, mais elle est du moins toujours habile à faire fructifier à son profit les inventions d'autrui. En réalité, Pocock et Windham, visitant la vallée de Chamounix, ne suivirent que de bien loin les traces des évêques de Genève, de Saint François de Sales. Déjà le 30 juillet 1606, celui-ci y faisait entendre des paroles d'amour et de charité. La vallée dut sa réputation aux travaux de Bourrit et de Saussure. Bourrit était chantre de l'église paroissiale de Genève. Sa description des glaciers et vallées de glace, dédiée à M. de Buffon, obtint un prodigieux succès. Nul, jusque-là, n'avait écrit sur ces merveilles naturelles, et son ouvrage révéla, en quelque sorte, un monde nouveau ; il n'y faut chercher ni style, ni goût, ni méthode, mais on se laisse entraîner par les curieux détails, la foi naïve et le noble enthousiasme qui animent toutes les pages.

Les voyages de M. de Saussure parurent en 1779, 1786 et 1796 : ils soutinrent l'attention que l'ouvrage de Bourrit avait excitée. Fruits d'une consciencieuse patience, exacts comme une démonstration mathématique, ils ont fourni de précieuses rectifications au système de Buffon, et fait faire d'immenses progrès à la minéralogie. Bourrit avait vu les Alpes en artiste : de Saussure les parcourut en savant.

CHAPITRE X.

Séjour dans la vallée de Chamounix — Le barbier du Prieuré.

Le bourg des Ouches, qui se présente sur la gauche du chemin, à peu de distance de l'entrée de la vallée, est bâti sur une pente; vous diriez qu'il fuit, craintif, à l'aspect du Mont-Blanc, pour se réfugier aux pieds du mont Breven. Son clocher, effilé, dépasse les toits de ses maisons de toute la hauteur dont un vieux sapin dépasse le rhododendron des bords des glaciers. Ses angles, revêtus d'un métal qui reluit, jettent des étincelles sur les chétifs édifices qui l'environnent. On ne s'arrête pas aux Ouches, on se contente de les regarder en passant : il y a cependant une auberge qui sert quelquefois de gîte à ceux que la nuit a surpris sur les bords des glaciers des Bossons, de Gria ou de Taconnay.

Des Ouches au Prieuré, la route est belle et bien entretenue. Chaque pas que nous faisions changeait l'aspect de la magnifique décoration du Mont-Blanc: les montagnes, leurs ceintures de forêts, leurs pics, leurs aiguilles et leurs glaciers se groupaient de mille manières pour nous présenter des points de vue toujours nouveaux, des paysages, les uns pittoresques et radieux, les autres sombres et terribles. Tandis que sur des murs de granit l'hiver étalait sa parure de neiges et de glaçons, la vallée s'ouvrait devant nous fraîche et riante, comme dans les premiers beaux jours du printemps. De jeunes filles sortaient de leurs chalets nous offrant des corbeilles de fruits et des tasses de lait; des enfants nous suivaient, un panier à la main rempli de fragments de roches mêlés d'amianthe et de toute espèce de minéraux des montagnes. Quelquefois nous étions subitement frappés des sons discordants de je ne sais quel instrument d'une longueur démesurée, hautbois ou clarinette, qui célébrait notre arrivée aux dépens de nos oreilles. Ces présents, ces honneurs, allégeaient notre bourse, mais les figures de ces jeunes filles et de ces enfants, le costume de ces joueurs d'instruments, les fruits, le laitage, les minéraux, les mélodies lentes et sauvages s'harmonisaient si bien avec le tableau des Alpes qui se déroulait devant nous!

Nous avons dépassé les Ouches, traversé l'Arve sur le pont de Pirolotas, et nous entrons dans le bourg du Prieuré: c'est le plus considérable de la vallée ; il est bâti aux bords de l'Arve, sur une éminence qui s'élève insensiblement jusqu'à ce qu'elle se confonde avec la croupe du Mont Breven ; il n'a, à vrai dire, que deux rues sinueuses et une petite place publique. Les guides, sous la direction d'un chef, y résident, et on y compte plusieurs hôtels : nous descendîmes à celui de *Londres et d'Angleterre*. La cour est fermée par trois corps de bâtiments, des côtés nord, est et ouest ; elle est ouverte, au midi, sur l'Arve, la prairie et la principale chaîne des Alpes.

L'histoire de ces trois ailes de bâtiments n'est pas dépourvue d'intérêt ; celle du milieu existait seule à l'époque où la veuve Couteran recevait M. de Saussure dans son modeste logis. Jean-Pierre Terras y tenait auberge, et on se souvient qu'il eut l'honneur d'y héberger la comtesse de Sannazari ; depuis ce temps, la clientelle ne cessa d'augmenter ; si bien que Victor Terras, fils et successeur de Jean-Pierre, fut forcé de faire bâtir le corps de logis de l'ouest. Le fils de Victor Terras a succédé à son tour à son père dans les fonctions de maître d'hôtel ; les affaires ont prospéré de plus en plus, et le corps de logis de l'est est devenu tout aussi indispensable que les deux premiers. Ainsi, trois générations ont travaillé à l'hôtel : si la quatrième ne dégénère pas, il est à craindre qu'un quatrième corps de logis, s'élevant un jour sur le côté midi, ne transforme la cour en prison. Ce sera dommage, car ce belvédère présente aujourd'hui un magnifique panorama. Devant soi la vallée s'étend riante et parée, comme nous l'avons vue en partant des Ouches ; au delà ce sont les montagnes boisées du Montanvert, du Filia, du Planet ; la cascade du Fouilli, qui descend du plan de l'Aiguille, semblable à une gaze légère ; sur la cime de ces montagnes, l'Aiguille de Blaittière, le Rocher-Rouge, les rochers des Grands-Mulets, les dômes des Bossons, du Taconnay; le glacier de Gria: puis, au dessus de cette aiguille, de ces rochers, de ces dômes, de ce glacier, un couronnement immense, fantastique, incroyable, de monts, de cols, d'aiguilles, de bosses et de pics. A l'est, on aperçoit le mont Frégière, le col de Balme, l'Aiguille d'Argentière, l'Aiguille verte, l'Aiguille du Dru ; au midi, l'Aiguille du Grépon, l'Aiguille de Blettière, le Pic du Plan, le Pic de Tacul, le Mont Maudit ; puis encore au midi, visant à l'ouest, la Bosse du Dromadaire, le Dôme du Goûté, l'Aiguille du Goûté : et entre toutes ces sommités une infinité de pyramides, d'obélisques, de rochers aux formes bizarres, inexplicables. Entre le Pic de Tacul et le Mont-Maudit, le Dôme du Goûté et la Bosse du Dromadaire apparaît le Mont-Blanc, comme un roi entouré de ses courtisans qui rampent à ses pieds. Ne craignez donc pas de donner carrière à votre imagination : si elle est vive et hardie, si elle aime à franchir les limites du vraisemblable, elle se fera peut-être une idée de ce merveilleux tableau. Cependant, faites mieux encore ; si vous le pouvez, allez au Prieuré, asseyez-vous au belvédère de la famille Terras, et, malgré ces louanges dont vous suspectez peut-être aujourd'hui la sincérité, vous resterez confondu d'admiration à l'aspect de la réalité.

Celui qui nous expliquait cette magnifique décoration était un vieillard à cheveux blancs et rares, à la taille légèrement voutée, à l'air grave et sévère. Il connaissait bien tous ces sites qu'il nous montrait, car il les avait parcourus pendant quarante ans, et ne les avait abandonnés que lorsque l'âge l'avait forcé de substituer au bâton blanc des guides la canne à pomme de corne de chamois qui affermissait ses pas chancelants. C'était Victor Terras, le fils de Jean-Pierre Terras; le père de cet autre Terras qui tient actuellement au Prieuré l'hôtel de Londres et d'Angleterre : Victor Terras, un des guides de cette Maria Paradis, la première femme qui ait atteint la cime du Mont-Blanc. Pour les voyageurs, sa conversation était une bonne fortune. On sait déjà qu'il me permit de prendre copie de la lettre que M. de Saussure écrivit, en 1786, à Jean-Pierre Terras, son père. Il mit également sous mes yeux les quatre vers suivants que l'impératrice Joséphine avait écrits sur son registre :

« Ah ! je sens qu'au milieu de ces grands phénomènes,
» De ces tableaux touchants, de ces terribles scènes,
» Tout élève l'esprit, tout occupe les yeux,
» Le cœur seul un moment se repose en ces lieux. »

Victor Terras semblait reprendre toute la vigueur de ses jeunes annnées, quand il parlait de ses ascensions au Mont-Blanc. Souvent, au milieu de sa conversation, il jetait avec complaisance le nom de Maria et faisait naître l'occasion de raconter quelques épisodes de sa vie. Évidemment, le courage seul n'avait pas fait tenter à cette femme la terrible entreprise qui avait rendu son nom célèbre dans la vallée. Cessant un moment de nous occuper des glaciers, nous prîmes plaisir à nous entretenir de cette courte existence où la douleur seule avait trouvé place. En écoutant le vieillard, nous étions émus, et, quand il nous quitta, il ne manquait plus que quelques pages à une histoire triste et touchante. Je me promis de ne pas quitter le Prieuré sans les avoir trouvées.

En sortant de l'hôtel, notre premier soin fut de remplir la commission dont Etiennette Vergnier nous avait chargés pour M. Cockse. Le vicaire nous reçut avec une cordialité parfaite. Il nous fit visiter la cure où il ne tient qu'aux voyageurs de recevoir l'hospitalité. On ne logeait pas autre part avant que madame veuve Couteran eût érigé en auberge le petit appartement voûté où son mari recevait des contrats. Le verre de vin blanc nous fut servi par les mains du vicaire, et nous bûmes à la santé des habitants de Chamounix. Le verre de vin blanc au Prieuré, c'est la tasse de café à Constantinople. De la cure à l'Eglise il n'y a qu'un pas. Comme dans tous les bourgs de la Savoie et dans les cantons catholiques de la Suisse, le cimetière précède l'église; les morts reposent à l'ombre du clocher, et les vivants ne peuvent pas les oublier dans leurs prières. Sur le fronton de l'église on lit : DEO 1602. L'intérieur a la forme d'une croix latine. Derrière le maître-autel, six colonnettes peintes en bleu supportent un petit dôme peint en vert. Sur le dôme, trois statues représentent assez convenablement la Foi, l'Espérance et la Charité. Mais, sous le dôme, quel singulier mélange d'ornements et de couleurs! Figurez-vous un saint Michel l'épée en main, ailes et cotte de mailles dorées, affublé d'une tunique bleue et d'un casque à grand panache tricolore. Heureusement les habitants de la paroisse du Prieuré n'y regardent pas de si près.

De l'église, nous nous acheminâmes vers le Mont Breven, à travers les éboulis de rochers. A mesure que nous nous élevions, les pics et les aiguilles qui entourent le Mont-Blanc se détachaient de plus en plus du sommet des montagnes, le Mont-Blanc, lui-même, semblait gagner en hauteur; du fond de la vallée nous n'avions aperçu que sa cime; nous découvrions, maintenant, ses larges flancs. Les premières ombres du soir, et un froid vif et piquant, vinrent nous chasser de notre position.

Nous rentrâmes à l'hôtel, et prîmes place à table en face de figures anglaises. Nous étions dans une vaste salle ornée de gouaches représentant les sites de la contrée, et un repas copieux, succulent, disposé avec élégance et symétrie, nous transportait dans l'hôtel des Bergues à Genève; j'en éprouvai un véritable dépit. Je m'étais imaginé ne trouver au pied du Mont-Blanc qu'une pauvre auberge et un pauvre souper: j'avais fait d'avance vœu de sobriété et de résignation; et il me semblait que le confortable de l'hôtel et la science du cuisinier diminuaient un peu mon mérite de voyageur. Dans ma chambre à coucher, j'éprouvai un autre désappointement du même genre: je m'étais dit que je dormirais sur des chalumeaux de seigle, ou peut-être même sur une peau de bouquetin, et l'on me condamnait aux douceurs d'un moëlleux édredon. La nuit n'en fut pas meilleure. Le lendemain nous devions grimper sur le Montanvert, marcher sur les flots de la mer de glace, visiter la source de l'Arveyron, et mon imagination, vivement exaltée, ne pouvait s'accommoder d'un paisible sommeil. Quand vint le crépuscule, je me hâtai de m'habiller. Déjà une servante matinale avait ouvert la porte de la cour; sur mon ordre elle alla chercher le barbier; je dis le barbier, car il n'y en a qu'un au Prieuré, un seul, et plût au Ciel qu'il n'y en eût pas du tout ! Au moment où il arriva, je réfléchissais qu'il n'y avait pas alors dans l'hôtel une seule chambre disponible; je lui proposai de me rendre avec lui dans sa boutique : il accepta avec tant d'empressement et un sourire si doux, si gracieux, mais en même temps si affecté, qu'il aurait excité ma méfiance, si j'avais cru que l'on pût se méfier de quelqu'un au Prieuré. Je le suivis comme une victime innocente, qui ne se doute pas qu'on la mène au sacrifice; arrivés à la dernière maison du village, nous entrâmes au rez-de-chaussée, dans une petite boutique, dont il se hâta d'ouvrir l'unique fenêtre. Un admirable tableau s'offrit à mes yeux; les premiers rayons du soleil doraient la cime du Mont-Blanc; au dessus, une demi obscurité régnait encore; la lumière qui éclairait le géant n'était point encore descendue jusques à ses satellites. Mieux que la veille, je me fis alors une idée de sa hauteur. Cependant, le barbier m'engagea à m'asseoir dans un fauteuil qu'il plaça en face de la fenêtre, pour que je pusse, pendant l'opération, contempler tout à mon aise la beauté du spectacle; je n'eus garde de me faire prier : j'étais enchanté, émerveillé. L'opération commença enfin : « Voyez-vous la lumière qui descend ? » — En ce moment je poussai un cri, le malheureux venait de poser son rasoir sur ma lèvre supérieure, et le tranchant de l'acier avait ouvert une large estafilade. « Ce n'est rien, ce n'est rien, ajouta-t-il, n'ayez » pas peur ; » et je continuai à regarder le Mont-Blanc. Le barbier reprit : « Voyez, Monsieur, » voyez ; la lumière est arrivée sur le Pic de Tacul. » — Je poussai un nouveau cri : le bourreau avait ouvert, cette fois, ma lèvre inférieure ; le sang jaillissait par deux ouvertures : « Que faites-vous donc ? » m'écriai-je, impatienté. Il ne se déconcerta pas, balbutia quelques mots d'excuse, appliqua deux bandes d'amadou sur mes blessures, et se remit tranquillement à l'ouvrage. Misérable ouvrier, mais adroit parleur, l'infâme excitait mon attention par l'énumération des effets de lumière qui se succédaient à mesure que les rayons du soleil descendaient de sommités en sommités. « Oh ! Monsieur, soyez » attentif, le Dôme du Goûté étincelle ; » et une nouvelle estafilade pour le Dôme du Goûté ! « Maintenant c'est l'Aiguille de Blaittière ; » une estafilade pour l'Aiguille de Blaittière ! « Attendez, » ne bougez pas ; ne vous semble-t-il pas qu'il y a » du feu sur la Bosse du Dromadaire ? » autre estafilade pour la Bosse du Dromadaire ! Le sang coulait sur mes vêtements ; j'éprouvais, sur toute ma figure, des démangeaisons affreuses, et je n'y tins plus : « Parbleu, lui dis-je, en quittant le fauteuil, » si vous vous proposez de me faire une entaille » pour chaque dôme, pour chaque pic, pour chaque » aiguille et pour chaque bosse, je ne sortirai de » votre boutique qu'en morceaux. C'est assez : com» bien vous faut-il ? je ne marchande pas ; mais » j'espère bien que vous consentirez à me laisser le » peu de sang qui me reste. » L'écorcheur prit l'air le plus humble, le plus patelin : « Si Monsieur voulait cependant permettre ? je n'ai plus qu'un coup à donner à cette joue. » — « Non pas, » répliquai-je, en portant la main à cette partie de ma figure qui était restée intacte. Mais le traître n'était pas disposé à abandonner sa proie : il fit un mouvement pour se rapprocher de moi. Me trouvant alors dans le cas de légitime défense, je saisis ma canne et la levai avec vivacité ; la force de cet argument lui fit faire quelques pas en arrière. Il s'aplatit contre la muraille et le rasoir lui échappa de la main : c'était ce que je voulais.

Nous pûmes alors entrer en explication. J'appris qu'il était natif de Brieg, dans le Valais ; qu'il s'était marié à Interlaken, dans l'Oberland-Bernois; qu'il avait eu six enfants à Yverdun, dans le pays de Vaud, et que sa femme était morte en dernier lieu à Servoz ; qu'il avait cherché à conjurer la misère en faisant dix métiers différents, dont pas un ne lui avait réussi ; que, vers les premiers jours de la semaine, il avait appris, par un guide passant à Servoz, que l'unique barbier du Prieuré était mort, et que, bien qu'il n'eût jamais touché un rasoir de sa vie, même pour son usage, il n'avait pas hésité à venir s'installer dans la boutique du défunt, sauf à faire son apprentissage sur le visage des bons Chamouniards et des étrangers. Enfin il s'humilia, et me conjura, au nom de ses six enfants, de ne pas ébruiter l'aventure, parce qu'elle nuirait infailliblement à ses débuts. Le drôle avait des larmes dans la voix : il parvint à m'émouvoir, et, bien convaincu de l'importance du secret, je n'hésitai pas à le lui promettre. En le quittant, je lui donnai une pièce de deux francs pour m'avoir horriblement mutilé.

Rentré à l'hôtel, ma femme s'apitoya beaucoup sur le sort du pauvre barbier et de ses six enfants, et un peu sur le mien. Il me fallut subir un pansement : cela fait, nous partîmes pour le Montanvert.

CHAPITRE XI.

Le Montanvert — Les sources de l'Arveyron.

Le Montanvert est un des piédestaux du Mont-Blanc ; la sombre parure de ses sapins forme un beau contraste avec les sommets grisâtres qui le dominent. Quand on a atteint son plateau, on a la mer de glace à ses pieds, et la mer de glace est un des plus merveilleux phénomènes de ces contrées : le sentier qui y conduit serpente en zig-zag sur les escarpements de la montagne ; il est si étroit, que deux piétons ne sauraient y marcher de front ; le pied du mulet dépasse souvent ses bords : on conçoit qu'il en résulte de funestes accidents. Une chute lance les voyageurs jusques au fond de la vallée, et Dieu sait dans quel état ils y arrivent. Il serait bien facile d'avoir, à la place de cet horrible sentier, une route large et belle ; mais alors le guide cesserait d'être, sur cette montagne, une partie obligée du bagage de l'étranger, et le guide ne doit pas céder un pouce de ses domaines ; du reste, l'état du sentier est en parfaite harmonie avec l'organisation des guides de la vallée ; je n'en connais pas de plus détestable. On en comptait 40, il y a peu d'années, à la suite desquels marchaient 30 porteurs : ils étaient chargés de tracer la route aux étrangers, de les éloigner des passages difficiles, ou de les aider à les franchir sans danger. Ils devaient leur donner le nom de toutes les localités dont les touristes aiment à enrichir leurs notes de voyage. Ils s'acquittaient plus ou moins bien de cette mission, mais toujours est-il que leur conversation n'était jamais dépourvue d'intérêt. Les porteurs n'étaient que des automates sans intelligence, à peu près muets, ignorants des lieux, mais doués de bras vigoureux ; ils soulevaient, dans sa chaise, un lord anglais, un prince italien ou un baron allemand sans se douter du fardeau, et, à la voix des guides, ils l'emportaient, sans réflexion aucune, jusque sur la cime du Mont-Blanc, si tel était son bon plaisir. Les guides étaient l'esprit, les porteurs la matière. Tout récemment, une ordonnance du gouverneur de Chambéry a fondu, dans un seul tout, la matière et l'esprit ; il n'y a plus qu'un corps dont chaque membre est tour à tour guide et porteur. Or, voici ce qui en résulte : vous demandez un guide, et l'on vous envoie un porteur ; ce porteur est d'une stupidité remarquable ; vous faites six lieues avec lui et vous n'en obtenez pas une seule parole raisonnable; vous rencontrez mille dangers et vous ne devez votre salut qu'à votre prévoyance, à votre adresse, à votre courage, ou, mieux encore, à votre bonheur. A la fin de l'excursion, vos notes sont tout aussi légères qu'au moment du départ. Le lendemain, vous demandez quatre porteurs et c'est quatre guides que l'on vous envoie. Ceux-ci ne sont pas habitués à faire le service de portefaix : leurs bras cèdent à la fatigue ; la chaise tombe, vous roulez comme une avalanche et vous remerciez la Providence quand vous en êtes quitte pour quelque ecchymose ou quelques contusions. Si le gouverneur de Chambéry veut conserver cet état de choses, il faut absolument qu'il rende une nouvelle ordonnance, par laquelle il donnera des bras vigoureux aux guides et de l'intelligence aux porteurs. Mais le vice que je viens de signaler n'est pas le seul qui existe dans cette compagnie : en voici un autre qui n'offre pas moins d'inconvénients. Il faut que chacun vive aux dépens des étrangers dans la vallée de Chamounix : le guide ne peut, quand il lui plaît, louer ses propres mulets. Tous les mulets de la vallée sont inscrits sur un registre et marchent à tour de rôle, comme les guides eux-mêmes. Vous enjambez donc la monture quelconque que l'on amène à la porte de votre hôtel : la bête est boiteuse, efflanquée, poussive ; les harnais cassent, la selle tourne, vous chancelez, et il vous semble qu'un tel luxe d'inconvénients vous donne le droit de vous plaindre ? peine perdue ! le guide vous répond que c'est la faute du propriétaire du mulet, et qu'il n'y peut rien ; si ce guide est un porteur, il ne parvient même pas à vous donner cette raison, et il se borne à vous regarder avec étonnement. Quand vous rentrez au Prieuré, vous payez douze francs : six francs pour le guide, six francs pour le mulet, autant pour l'un que pour l'autre, et les règlements ne vous permettent pas d'employer cette somme à faire un ex-voto d'actions de grâces en mémoire de votre miraculeux retour.

Notre mauvaise étoile nous avait envoyé un porteur et deux mulets efflanqués. Nous venions de traverser la partie sud de la vallée, en recommandant notre âme à Dieu, et nous commencions à gravir le Montanvert, lorsque nous fûmes assaillis, à la porte d'un chalet, par un de ces concerts dont on garde toute sa vie le souvenir. Dans une caisse de forme carrée, d'où s'échappaient sept à huit tuyaux de cuivre, un jeune enfant soulevait et abaissait tour à tour la manivelle d'un soufflet. Cet instrument rendait des sons aigres, nazillards et déchirants à faire crier grâce et merci. C'est ce que nous nous hâtâmes de faire, trop heureux de voir notre prière exaucée au prix de quelques pièces de monnaie.

Vers le milieu de la montagne, on s'écarte du sentier pour visiter des rochers qui renferment de l'amianthe et des cristaux de feldspath et de quartz. Nous trouvâmes de l'amianthe en assez faible quantité, disposée en filets parallèles, d'un vert olive, courant entre les couches de la pierre à laquelle adhéraient les cristaux. Tandis que ma femme cherchait à en détacher quelques morceaux, je regagnai le sentier et l'atteignis à cinquante pas environ au dessus du point où nous l'avions quitté. J'arrivai à la fontaine du Caillet, petit filet d'eau pure, fraîché, qui jaillit de la roche sous un dôme de bouleaux, et tombe en murmurant dans une auge de mélèze.

Si vous avez lu Florian, vous vous souvenez d'une nouvelle savoyarde, intitulée *Claudine*, qui, plus tard, habillée en drame par Pigault-Lebrun, a parcouru tous les théâtres de France, et arraché des larmes à toute la génération de l'empire. La première scène de la nouvelle se passe à la fontaine du Caillet; lord Belton était assis sur la même pierre où je suis étendu, quand Claudine, la gracieuse Claudine, au visage frais et rond, aux yeux brillants sous de longs cils, vint, avec un sourire tout à la fois si naïf et si séduisant, lui présenter un panier de cerises. De ce point je considérai, avec ravissement, la vallée, l'Arve, les hameaux épars sur ses rives, le Breven et les Aiguilles rouges qui fermaient l'horizon. Il commençait à faire chaud, mes yeux se fermèrent et je m'endormis. Tout à coup, un bruit semblable aux fracas du tonnerre, répercuté par les échos, interrompit mon sommeil; je m'imaginai que l'orage grondait, et je me levai en appelant ma femme; mais le ciel était radieux; ma femme se désaltérait à la fontaine; les mulets broutaient sur le bord du sentier, et le guide, appuyé sur son long bâton blanc, caressait tranquillement sa gourde d'eau-de-vie. Ce que je venais d'entendre, c'était le bruit d'une avalanche qui s'était détachée du glacier des Bois. Nous nous remîmes gaîment en route, et une heure après, nous avions devant nous ce même glacier des Bois, au dessus du glacier, l'Aiguille du Dru, et à notre droite, à cent pas de distance, le plateau du Montanvert. Le guide s'arrêta subitement à l'angle d'un zig-zag, prit la bride du mulet de ma femme, et força l'animal à se tourner du côté de la vallée, tout à fait au bord d'un précipice dont l'aspect donnait le vertige. A cette manœuvre inexplicable je tressaillis d'effroi : « Il y a un an, » dit-il alors, d'un ton de voix lent et parfaitement » en harmonie avec sa figure hébétée, qu'un An- » glais, se trouvant à cette même place, perdit » l'équilibre et roula là-bas, laissant en chemin une » partie de ses membres. » Il n'avait pas encore achevé sa phrase que j'avais déjà abandonné ma monture, et que, sans dire mot, je ramenais l'autre dans le sentier. Il fallait agir, c'était l'essentiel : mais je me dédommageai du moment de contrainte que la prudence m'avait imposé ; je demandai au malencontreux Savoyard si les règlements l'obligeaient aussi à compromettre l'existence des voyageurs, et s'il n'aurait pas pu raconter l'anecdote sans risquer de la renouveler ? mais jetez des paroles aux rochers, les rochers ne vous comprendront pas.

Enfin, nous arrivons au plateau et nous quittons nos montures à la porte d'un pavillon octogone, bâti en 1795, aux frais de M. Félix Desportes, alors résident de France près la République de Genève. Nous sommes au pied des aiguilles des Charmoz, qui terminent la chaîne des aiguilles de Chamounix. Nous foulons une verte pelouse émaillée de fleurs. Sur notre gauche, nous revoyons l'aiguille du Dru, qui nous montre ses parois polies comme un ouvrage d'art, et ses fentes rectilignes nettement tranchées. Derrière elle, l'aiguille verte, l'aiguille du Moine, s'alongent jusques dans les cieux. A ses côtés, quel amas de monts sourcilleux, décharnés, déchirés, crevassés, mutilés par la foudre, le marteau infatigable du temps et les secousses du globe! et aux pieds de ces monts, quel spectacle! une mer de glace; sur cette mer, partout des lacs tranquilles et des vagues énormes : magnifiques cristallisations, que vous diriez avoir été formées par un refroidissement subit de la température, dans un moment de tempête. C'est une nouvelle Zemble; c'est le Spitzberg entre la France et l'Italie! Lorsque vous parcourez du regard cet étrange océan, vous voyez son extrémité inférieure descendre dans la vallée de Chamounix sous le nom de glacier des Bois, et son extrémité supérieure se partager en deux branches à deux lieues de distance, devant la base de la montagne des Périades : l'une se dirige à l'est et prend le nom de glacier de Léchaud ; l'autre court au sud-ouest, et devient le glacier de Tacul ; le glacier de Tacul, autre mer qui s'étend, inaccessible, entre les aiguilles de Chamounix au nord, les pics de Jorasse, la tour du Géant au midi, et qui, montant vers le Mont-Blanc, avec ses crevasses, ses tours et ses obélisques, va se réunir aux glaciers des Bossons, de Taconnay, de Bionnassay et de la Breva pour enlacer les pieds du colosse d'une étreinte éternelle.

Nous avons hâte de fouler cette mer solide ; un sentier, à peine battu, nous y conduit par une pente raide et dangereuse ; nous avançons lentement, péniblement : mais autour de nous quelle profusion de myrtiles, de véroniques, de violettes, de campanules et de chrysanthèmes ! que de pédiculaires, de saxifrages, de benoîtes des montagnes, de potentilles! quelle riche moisson pour un botaniste! comme il s'extasierait devant ces arénaires, gazon touffu couvert de fleurs innombrables, blanches comme la neige de ces montagnes! Parvenus au bas de la côte, nous traversâmes la moraine : des cailloux s'enfonçaient sur notre passage dans un sable apporté par les éboulis des montagnes ; les uns étaient arrivés là, roulant entre une épaisse couche de glace et le granit qui la supporte, et avaient emprunté la forme arrondie de ceux que charrient nos rivières; les autres, ayant glissé sur la surface du glacier, avaient conservé leurs arêtes vives et tranchantes. Cette ceinture de débris, qui enlace la mer de glace, ne présente point l'image de la stérilité; des rhododendrons y croissent de toutes parts: d'une main vous cueillez leur fleur écarlate, de l'autre vous touchez une vague du glacier. La nature est inépuisable dans ses prodigalités. Partout où le vent jette un peu de terre, elle plante un arbuste ou sème une fleur; sur la roche vive elle fait naître la mousse et le lichen.

En passant au pavillon nous nous étions munis de longs bâtons blancs; à l'aide de ces compagnons nous entrâmes hardiment sur la mer, suivant le bord des fentes, admirant leurs vives couleurs, nous inclinant quelquefois pour recueillir dans le creux de la main un peu de cette eau si limpide qui court en ruisseaux sur l'océan durci; mais bientôt la surface de la glace devint polie et luisante, des vagues d'une hauteur extraordinaire se présentèrent devant nous; nous trébuchions à chaque pas; le guide nous parla de retour. En ce moment un autre guide, un véritable guide, qui avait été créé tel bien avant l'ordonnance du gouverneur de Chambéry, arrivait précédant une caravane de Génevois ; cinq minutes lui suffirent pour tailler à coups de hache un escalier dans la plus haute des vagues qui nous barraient le passage. Nous grimpons par cette voie étroite et périlleuse, nous appuyant sur le bâton, et après de longs et pénibles efforts, nous parvenons enfin au sommet de la vague. La plume et le pinceau ne sauraient peindre le tableau qui nous environne. Tous les phénomènes, toutes les beautés, toutes les horreurs des glaciers s'accumulent devant nous. Dans un espace immense qui s'étend jusqu'à la base des Périades, s'élève une multitude innombrable de blocs de glace posés sur d'immenses gradins d'albâtre au bord des gouffres : ils se dressent de toutes parts, les uns empruntant les formes régulières des tours, des obélisques, des pyramides que nous avons déjà signalées, les autres sortis d'un moule bizarre, capricieux, indéfinissable, tous s'irradiant aux feux du soleil de teintes bleues, jaunes, écarlates. Les yeux ne pouvaient s'arrêter nulle part ; sans cesse attirée d'un objet à un autre, l'attention finit par s'égarer dans ce champ de miracles. Alors nous nous surprîmes à douter si ce que nous voyions était la réalité ; nous nous demandâmes si ces images étranges, fantastiques, n'étaient pas le produit d'un rêve, l'enfantement d'une imagination délirante. Mais le vertige allait nous saisir : le guide, le véritable guide lut dans nos yeux que le moment de la retraite était venu : il en donna le signal et l'exemple, et nous le suivîmes muets et tremblants comme au sortir d'un cauchemar.

Revenus sur la moraine, nous éprouvâmes presque tous du malaise et le besoin du sommeil. La chaleur nous suffoquait; au milieu des glaces et des neiges on ne s'attend pas à être dévoré par un soleil brûlant comme celui du midi de la France dans les jours de la canicule; le guide nous engagea à le suivre sur-le-champ en nous énumérant les dangers qu'une halte pouvait nous faire courir : il ne s'agissait, par exemple, de rien moins que de s'endormir pour toujours si nous fermions seulement les yeux pendant une minute; nul n'ayant envie de tenter l'expérience, nous le suivîmes avec un empressement qui témoigna du desir de ne pas le charger de nos funérailles; il nous fit côtoyer pendant quelque temps le glacier; tournant ensuite à droite, nous commençâmes à monter par un petit sentier sinueux au bord duquel je remarquai le pin des Alpes, *pinus cimbra*, nommé arole en Savoie. De tous les conifères c'est celui qui peut vivre à la plus grande hauteur, mais il est petit, noueux, disgracieux et difforme. Nous parvînmes sur une assez vaste esplanade adossée au pied de la montagne, et le guide s'écria : « Nous voici au château du Montanvert. » Le château du Montanvert est un grand bloc de granit assis sur une de ses faces; l'autre face se relève en faisant un angle aigu avec le terrain et laisse au dessous un espace fermé par un mur en pierres sèches. La face saillante forme le toit du château. On s'introduit dans cette noble résidence en se traînant sur ses mains et sur ses genoux, car la porte n'a pas un demi-mètre de hauteur. Il n'y a ni fenêtre ni cheminée; les habitants du lieu n'aiment pas les superfluités. La porte sert tout à la fois à faire entrer le jour et sortir la fumée; l'espace triangulaire qui est renfermé entre le bloc, la terre et la muraille, devient tour à tour ou en même temps salon de compagnie, salle à manger, chambre à coucher, cellier et cuisine. Nous y prîmes quelques instants de repos. Le châtelain était absent : on nous dit qu'il paissait son troupeau le long du Talèfre.

Sur la face extérieure du bloc de granit on lit ces mots récemment gravés et enduits d'une couleur rougeâtre qui sert à les rendre plus apparents : « *Pocock et Windham*, 1741. » Ces deux anglais avaient couché sous cette pierre il y avait tout juste un siècle. Mais ce n'est point là, on en conviendra, un de ces événements dignes de parvenir à la postérité. Pourquoi donc cette inscription tout fraîchement tracée avec tant d'affectation? vous allez le savoir.

Il y a quelques années les Anglais semblaient abandonner la vallée de Chamounix ; les aubergistes et les guides s'en émurent ; on tint conseil ; on délibéra longtemps sur les meilleurs moyens à prendre pour les y ramener. Un aubergiste, le plus spirituel de tous, donna l'idée de cette inscription : on mit aussitôt la main à l'œuvre : la vanité anglaise s'est laissé prendre à ce piége. On fait maintenant le voyage de Londres au Montanvert tout exprès pour lire sur le toit du château : *Pocock et Windham*, 1741.

Au surplus, le château du Montanvert ne vaut pas son pavillon ; le déjeûner nous attendait au pavillon, et nous nous éloignâmes du château. Nous gravissions un sentier montueux tracé par le frottement des pieds des voyageurs sur la roche nue, lorsqu'un coup de feu se fit entendre. Je relevai la tête : sur le sommet de la montagne dont nous suivions le flanc, trois bouquetins et cinq chamois s'enfuyaient avec une vitesse dont un coursier lancé au galop ne donnerait qu'une faible idée : en un instant ils eurent disparu.

On fait au pavillon un délicieux déjeûner avec du beurre, du jambon et la perspective de l'aiguille du Dru ; l'eau qu'on y boit est fraîche comme celle du Caillet ; le vin clair et piquant comme celui de Courtaillod. A la fin du repas on a l'avantage de payer son écot et celui de son guide ; les règlements ne vous obligent pas à cette double dépense, mais l'hôte prétend que l'usage a fait loi, et l'on se soumet à la loi ; on vous ouvre ensuite un lourd in-folio, vous mettez la main à la plume et vous contribuez pour votre part à noircir un feuillet de papier blanc. Quiconque s'acquitte de cette tâche veut être franchement spirituel ou spirituellement bête : il en résulte quelques pensées heureuses noyées dans un déluge de sottises et de lieux communs.

Bien aises de retourner à pied au Prieuré, nous abandonnâmes la route que nous avions suivie dans la matinée pour prendre une pente rapide nommée *la Filia*, qui nous conduisit à la grotte où naît le torrent de l'Arveyron. Elle est creusée dans la partie inférieure du glacier des Bois. On y entre par une voûte de glace de plus de 30 mètres d'élévation, coupée d'une infinité de crevasses verticales ; des torses, des colonnes, des reliefs gothiques ornent sa façade et ses cavités ; la lumière pénètre par les crevasses dans son enceinte allongée et teint ses parois d'un blanc opaque comme de la neige ou d'un vert transparent comme l'aigue marine. De minces filets d'eau minent incessamment l'édifice : tout à coup il s'écroule, répercutant dans la vallée un bruit pareil à celui de l'avalanche ; mais dès le même jour la nature travaille à sa reconstruction : elle le relève avec des formes et des proportions nouvelles ; tantôt elle pose des cintres sur des massifs de glace, formant diverses ouvertures semblables aux portes d'un temple ; tantôt elle se contente de jeter une seule arche informe, menaçante, hérissée d'innombrables aspérités. Le torrent s'élance écumeux du fond de la grotte, entraînant des blocs de granit et de glaçons, des cailloux de jaspe et de porphyre, des fragments de pyrites et des prismes de cristaux ; tous ces débris se heurtent, se brisent et font entendre des bruits aigus : vous écoutez dans la stupeur cette voix dont nulle autre voix au monde ne peut vous donner une idée.

Le torrent charrie aussi un sable où l'on trouve quelques paillettes d'or. En 1761, M. de Saussure en avait ramassé dans une de ces petites anses où la nature rassemble les parties les plus pesantes par une opération semblable à celle du lavage des mines. Il le livra à un orfèvre de Genève. Cet homme retourna près de lui quelques jours après, palpitant d'espérance et de joie. Sur les indications du naturaliste, le voilà qui part pour la source de l'Arveyron, charge plusieurs mulets de sable ramassé dans le torrent et revient à Genève, ne rêvant que richesses. L'illusion ne fut pas de longue durée ; de ses expériences il ne recueillit que quelques boutons d'or alliés d'argent et d'un si petit volume que la balance la plus mobile ne pouvait en apprécier le poids.

De la source de l'Arveyron au Prieuré on suit le cours de l'Arve à travers des prairies, des hameaux et des massifs de hêtres et de bouleaux : c'est une ravissante promenade. L'Arveyron ne tarde pas à se jeter dans l'Arve ; ses eaux sont plus considérables que celles de cette rivière ; mais la rivière vient de plus loin ; elle conserve son nom par droit d'aînesse, et il n'est plus question de l'Arveyron. A cinq minutes du Prieuré, nous passâmes près d'un anglais qui, nonchalamment assis sur le bord de la route et exposé à toute l'ardeur du soleil, consultait des cartes géographiques et des itinéraires ; quelques pas plus loin la nature lui avait préparé un bosquet frais, ombragé et délicieux à faire honte aux gracieuses conceptions des faiseurs d'idylles du dix-huitième siècle ; mais il ne faut pas disputer des goûts. Le soir, à la table d'hôte, le hasard me plaça à côté de ce touriste, et je liai conversation avec lui ; il me dit qu'il ne craignait pas la chaleur : je m'en étais douté ; il me raconta ensuite qu'il avait fait la descente du Montanvert sans mettre une seule fois pied à terre, et il ajouta : « Le cheval vouloir un peu tomber deux » fois, c'était un petit erreur. » A la bonne heure ! — nous retrouverons notre touriste sur la route de Martigny.

Quand nous fûmes de retour au Prieuré, je me fis conduire au bureau des guides, petit appartement carré, enfumé, éclairé par une seule fenêtre. Le chef des guides était assis devant une table adossée contre la fenêtre et couverte des registres de la compagnie. C'était un vieillard qui avait dépassé la soixantaine. Une vingtaine de guides en veste courte savouraient les douceurs du *far niente* et de l'*arnica montana*, répandant une forte odeur de tabac. On se leva à mon arrivée, et le chef me demanda gracieusement le motif de ma visite. — Je pars demain pour Martigny, lui dis-je, il me faut deux bons mulets et surtout un guide autre que celui que vous m'avez donné ce matin. —Le chef ouvrit de grands yeux à cette déclaration, me fit décliner mon nom, mit ses lunettes et interrogea un gros registre. Sur le dernier feuillet le nom du guide qui m'avait accompagné se trouvait accolé au mien en lettres majuscules. Cette vérification faite, le chef me pria de m'asseoir et me témoigna sa surprise d'une pareille demande qui annonçait du mécontentement ; là dessus il se mit à vanter les excellentes qualités du guide qu'il m'avait donné, avec un ton si doux, si mielleux qu'en vérité c'était plaisir de l'entendre; quand il eut achevé sa harangue, je me penchai en souriant vers son oreille et je lui dis à demi voix : — c'est un guide que je veux et non pas un porteur. — Il me comprit, me lança un coup-d'œil d'intelligence dans lequel on voyait aisément la critique de l'ordonnance du gouverneur de Chambéry, et il me dit également à voix basse : — Je vous promets un guide, vous aurez Michel Terras. Ce nom de Terras était de bon augure. Je me montrai satisfait et reconnaissant. Mais la substitution d'un guide à un porteur n'était pas mon seul but; il fallait compléter les renseignements que Victor Terras m'avait déjà donnés sur Maria Paradis. Ce desir exprimé, je recueillis une infinité de notes sous la dictée de l'assemblée et compulsai les registres de la compagnie. En rentrant à l'hôtel je trouvai les corps-de-logis envahis par des anglais. La soirée était bonne pour tous les aubergistes du Prieuré. Honneur à celui d'entre eux qui avait eu l'idée d'écrire sur le toit du château du Montanvert les noms de Pocock et de Windham !

Demain je quitterai cette vallée de Chamounix que nulle autre ne peut égaler en magnificence. Je m'éloignerai de ce Mont-Blanc le plus beau joyau du roi de Sardaigne. Mais avant de me remettre en route je veux raconter l'histoire de Maria Paradis, telle que je l'ai apprise. Que d'autres recueillent les plantes rares et les pierres précieuses que la nature sème au bord de ses glaciers, dans ses forêts profondes, au sein de ses roches feuilletées ! Cette touchante histoire des montagnes est tout ce que j'en veux emporter.

CHAPITRE XII.

Maria Paradis.

Dans la vallée de Chamounix, sur les bords de la route de Sallenche au Prieuré et à une égale distance du torrent de Gria et du village des Ouches, on remarque un chalet isolé qui semble cacher son toit d'ardoises entre des blocs de rochers, tombés de la grande chaîne des Alpes, et une épaisse touffe de pruniers et de cerisiers sauvages. Sa façade est tournée au midi et regarde le glacier de Taconnay. Une petite prairie ravagée quelque fois par le débordement du torrent, forme toutes ses dépendances ; elle est entourée d'une palissade de sapins et protégée par une croix de bois dont les branches latérales disparaissent sous des guirlandes de fleurs.

En 1808, Claudine Frangère, veuve de Simon Paradis, et Maria sa fille habitaient ce chalet. Maria avait atteint sa dix-huitième année. La petite vérole avait laissé sur son visage des traces ineffaçables, et son teint était brun comme celui d'une créole; mais son œil noir étincelait sous ses longs cils. Sa taille moyenne ne manquait pas de grâce, quoique un peu forte, et l'ensemble de sa physionomie annonçait une résolution peu ordinaire. Son âme était douée d'une exaltation qui avait pour cause une sensibilité profonde. Diamant brut caché au milieu des montagnes, l'éducation en aurait fait jaillir des étincelles. Mais par une de ces faiblesses que l'on rencontre quelquefois même dans les esprits les plus cultivés, il n'était pas de superstitieuses croyances qu'elle n'adoptât aveuglément, et les contes les plus invraisemblables dont son enfance avait été bercée s'étaient gravés dans son imagination comme autant de réalités.

Le chalet, une petite prairie et une vache, c'est tout ce que Simon Paradis avait laissé en mourant, et cela suffisait à Claudine et à Maria. Elles n'avaient jamais rêvé d'autres richesses. D'ailleurs, il arrivait bien souvent, pendant la belle saison, qu'en échange d'une tasse de lait pur et mousseux, Maria se ressentait de la générosité des grandes dames qui visitaient la vallée; et l'on est bien près d'être riche à Chamounix quand on a quelques pièces d'argent en réserve pour les mauvais jours.

Vers la fin du mois d'août, Claudine tomba malade; le mal fit de rapides progrès et le curé des

Ouches vint lui administrer les secours de la religion. Maria, agenouillée pendant toute la cérémonie, priait avec ferveur; quand le prêtre se retira on l'entendit s'écrier : « Mon Dieu, sauvez ma mère et je tiendrai la promesse que je vous ai faite. » Sa mère fut sauvée.

Trois semaines après cet événement, tandis que Claudine rendait grâces à Dieu de sa guérison dans l'église des Ouches, Maria était assise sur les bords du glacier de Taconnay : sa vache paissait près de là. Vers le milieu de la journée un vent de sud-ouest descendait froid comme la neige des plateaux qu'il venait de soulever en passant. Tout à coup un violent tourbillon enveloppe la jeune fille et l'entraîne sur le glacier; déjà la moitié de son corps plongeait dans une large crevasse, quand elle se sentit saisie par deux bras vigoureux. En ce moment, elle s'évanouit, ne vit plus rien, n'entendit plus rien. Lorsqu'elle reprit l'usage de ses sens, elle fut tout étonnée de se trouver couchée dans son chalet : sa mère réchauffait ses pieds à demi glacés, un jeune homme promenait sa gourde d'eau-de-vie sur ses tempes et sur ses lèvres crispées.

Il existait encore à cette époque, dans la vallée de Chamounix, une classe d'hommes qui faisait sa principale occupation de la recherche du cristal. Armés d'une longue carabine cannelée, ils parcouraient les montagnes, chassant d'occasion le chamois et bravant des dangers inouis pour marcher à la découverte de ces grottes qu'on nomme *fours* dans la contrée, et dans lesquelles la nature élabore patiemment les brillantes compositions qui, façonnées par le ciseau de l'ouvrier, viendront contribuer au luxe de nos salons. Ces hommes habitaient les hameaux adossés aux forêts profondes, les chalets pendants aux bords des précipices. Rarement on les voyait dans les bourgs de la vallée, mais ils étaient faciles à reconnaître à leur air hagard et farouche et à leur sauvage costume. Les paysans de la Savoie racontaient d'eux des actions merveilleuses. On avait vu des cristalliers debout sur des pics, tournoyer comme de légers fuseaux au moment de la tempête, en jetant au vent des paroles magiques. Quand la neige tombait à larges flocons, ils se rassemblaient sur le dôme du Goûté poussant des hurlements affreux et formant des rondes infernales. Ils roulaient avec l'avalanche du haut du glacier des Bois et se relevaient sains et saufs du milieu de la moraine. Tous les ans, le jour des morts, on les apercevait s'élançant des clochers des églises sur l'aiguille du Dru et franchissant l'espace avec la rapidité du plomb chassé d'une carabine. C'était un fait incontestable qu'ils trouvaient tous la mort dans leurs périlleuses excursions, et quand on apprenait qu'un d'entre eux était tombé dans un précipice, on ne manquait jamais de prétendre que Satan, en personne, était venu s'emparer de sa proie.

Mais déjà ceux qui se livraient à cette terrible profession, étaient devenus bien rares, parce que l'on regardait les montagnes comme à peu-près épuisées. On n'en comptait plus que cinq ou six du mont Buet au mont de Lacha. Jacques Girou était de ce nombre; il habitait un pauvre chalet du hameau des Pèlerins, et ne vivait que du produit de la chasse, car il avait été malheureux jusque là dans la recherche du cristal. Nul n'était cependant plus agile, plus robuste, plus intrépide que lui. Il traversait la mer de glace et descendait le Montanvert avec la légèreté du chamois ; d'un bond il franchissait des abîmes. Une fois il était entré au Prieuré chargé des cadavres de deux étrangers qu'il avait disputés, sur le glacier du Talèfre, aux débris de l'avalanche. La Providence qui n'avait point encore marqué le dernier jour de Maria, avait dirigé ses pas vers la crevasse où elle allait périr. Il s'était élancé vers elle, l'avait retenue dans ses bras et regagnant le bord du glacier, il avait suivi le premier sentier qui s'était présenté devant lui. Arrivé dans la vallée, un pâtre des Ouches avait reconnu la jeune fille et lui avait indiqué sa demeure ; il avait mis peu de temps à s'y rendre, car sa marche était plus rapide encore que d'ordinaire, tant il lui tardait de compléter son œuvre et de pouvoir donner les soins nécessaires à la jeune fille, qu'il avait arrachée à la mort.

Maria trouva tout d'abord de vives paroles pour témoigner sa reconnaissance au cristallier. Mais bientôt une vive émotion se manifesta sur son visage. Un instant après, elle ferma les yeux en disant à demi voix à sa mère qu'elle avait besoin de repos ; nul ne prononça plus un seul mot dans le chalet. Vers le soir, le pâtre des Ouches dont nous avons parlé ramena la vache du pâturage, et Jacques prit congé de Claudine, après avoir jeté sur Maria un regard inquiet et mélancolique. Parvenu au hameau des Pèlerins il mangea un morceau de pain de seigle et s'étendit sur la paille. Mais le sommeil ne vint pas; l'image du danger qu'avait couru Maria le tint, malgré lui, éveillé, quoique le souvenir de ceux qu'il avait courus lui-même ne l'eût jamais empêché de dormir. Le lendemain dans la matinée, il sortait de son chalet : à peine avait-il fait dix pas, que Pierre Couttet son voisin lui adressa la parole :

— Où vas-tu Jacques ?

— Belle question ! où va le chasseur de chamois ? où va le cristallier ?

— Voyez le rusé ! et ta carabine ? et ton marteau ?

— Ah ! dit Jacques en branlant la tête, c'est vrai, je les oubliais.

— Tu as bien oublié autre chose.

— Quoi donc ?

— Ta figure franche, animée, joyeuse. Ton air est sombre comme le fond d'une crevasse. Retourne, mon enfant, retourne à ton chalet et songe bien qu'un chasseur sans carabine et un cristallier sans marteau ne feront pas plus fortune qu'un guide privé de ses yeux. Adieu.

Jacques alla chercher la carabine et le marteau et se dirigea vers le village des Ouches ; à mesure qu'il approchait de la demeure de Maria, sa respiration devenait moins libre ; de temps en temps il s'arrêtait pour reprendre haleine. Quand il aperçut le toit d'ardoises du chalet, il y eut en lui un mouvement d'hésitation et de faiblesse, et il s'assit sur la lisière du chemin adossé contre le tronc d'un mélèze déraciné par l'orage de la veille. La tête appuyée sur ses deux mains et dans un état d'immobilité complète, le marteau pendant à sa ceinture, la carabine couchée à ses pieds, vous l'auriez pris, sous ses vêtements à longs poils, pour une figure de fantaisie jetée dans un tableau de genre par le caprice d'un peintre. Il resta quelque temps dans cette attitude. Des enfants vinrent à passer et s'éloignèrent précipitamment en reconnaissant un cristallier. Enfin il sortit de sa rêverie, se leva brusquement et marcha d'un pas ferme et résolu. Il eut bientôt franchi le seuil du chalet de Maria. La jeune fille tressaillit en le voyant : un observateur calme aurait remarqué en ce moment dans l'expression de sa physionomie autre chose que de la satisfaction et plus que de la surprise. Mais Jacques était trop ému pour s'apercevoir de rien; il s'approcha d'elle et s'informa des suites de l'événement du glacier, avec cette vivacité de langage qui révèle l'agitation de l'âme. Il y avait tant de sensibilité dans ses questions, et sa joie se manifesta avec tant de naïveté et d'énergie quand Claudine lui eut appris que la santé de Maria ne serait pas altérée, que celle-ci en fut frappée : peu à peu son trouble se dissipa, elle l'écouta avec intérêt et prit part à la conversation. Il y avait bien des choses à dire sur l'ouragan qui enlève les jeunes filles, les crevasses qui les attendent, les jeunes gens braves et généreux qui les sauvent au péril de leur vie. Au milieu de ce rapide échange d'émotions, les yeux de Jacques étaient devenus étincelants, son front s'était couvert d'une teinte écarlate, sa voix sortait étouffée de sa poitrine. Maria tressaillit de nouveau, comme subitement rappelée à elle-même par une sinistre pensée. La phrase qu'elle avait commencée expira sur ses lèvres; le sentiment qui avait accueilli la première apparition du cristallier reparut sur son visage, mais plus expressif et plus sombre. Pour cette fois Jacques s'en aperçut et un frisson courut dans ses veines. Il essaya de renouer la conversation, ce fut en vain; Maria cessa de répondre à ses questions et il sortit emportant dans son âme des impressions qui ne devaient plus s'effacer. Depuis ce jour, affaissé sous le poids d'amères pensées il flottait dans un perpétuel était d'irrésolution. Tantôt il se levait avec le projet de retourner aux Ouches et la journée s'écoulait sans qu'il eût quitté le hameau des Pèlerins. Tantôt il se promettait de ne plus revoir la jeune fille, et bientôt une force irrésistible le ramenait auprès d'elle. L'accueil qu'il recevait devenait toujours plus étrange, plus inexplicable. Enfin, il se lassa de ces visites d'où il ne rapportait qu'espérances déçues et poignantes douleurs, et il cessa de paraître au chalet du torrent de Gria.

Cependant Maria avait repris ses occupations ordinaires. Mais elle ne menait plus sa vache paître sur les bords du glacier de Taconnay. Chaque matin elle se rendait au pâturage du mont Breven, triste et essuyant quelquefois des larmes qui s'échappaient involontairement de ses yeux.

Sur la croupe du mont Breven qui regarde le village des Ouches, au milieu d'un petit plateau s'élève un rocher aux formes abruptes, anguleuses dont nul guide n'a jamais pu atteindre le sommet; il est connu sous le nom de *Roche-Longue*. De sa tête chenue s'élance le grand pic noir des Alpes : le merle bleu et le pinson des neiges bâtissent leur nid sur les arbustes qui croissent dans ses crevasses. La gentiane, la véronique et le plantago étalent leur parure sur le gazon qui tapisse le petit plateau.

Maria aimait à s'asseoir au pied de cette roche, elle y passait des heures entières, les regards attachés sur le Mont-Blanc. L'exaltation de ses idées s'harmonisait avec la grandeur de ce tableau. Un jour vers l'heure de midi, ses yeux fatigués de l'éclat des neiges, se reposaient sur le vert sombre de la forêt de sapins qui ceint les flancs du Montanvert : un bruit de pas réveilla son attention ; elle se leva et aperçut deux voyageurs qui se dirigeaient de son côté : ils l'interrogèrent dans une langue qui n'était pas la sienne, et comme elle ne répondait pas, ils s'approchèrent d'elle avec des cris d'impatience en faisant des gestes de menace. Aussitôt du haut de la Roche-Longue, partit une voix accentuée, stridente qui s'écria : Malheur ! Celui qui avait prononcé ce mot était un jeune homme debout sur la pointe la plus élevée du rocher, armé d'une carabine et tenant en joue les insolents voyageurs. Maria leva les yeux et reconnut Jacques le cristallier. Un instant après, les voyageurs s'étaient enfuis, Jacques avait disparu du sommet de la Roche, et la jeune fille couverte d'une sueur froide descendait précipitamment la montagne. Jacques l'attendait au détour d'un sentier.

— Maria , lui dit-il , il faut que je vous parle.

Maria se soutenait à peine. Elle fit deux pas et s'appuya sur l'angle d'un rocher.

Jacques poursuivit :

— Rassurez-vous ; — les voyageurs sont déjà loin d'ici : — ils seraient morts avant d'avoir touché un seul de vos cheveux, — et vous savez que vous n'avez rien à craindre de moi.

La figure de Maria prit cette expression étrange que le cristallier avait remarquée dans ses visites au chalet. Celui-ci continua avec un accent de profonde douleur :

— Pourquoi, après vous avoir arrachée au gouffre qui vous attendait, ne m'y suis-je pas précipité ? qu'avais-je besoin d'une vie où je ne rencontre que souffrances ?

— Jacques, que dites-vous ? s'écria la jeune fille en levant sur lui les yeux qu'elle avait jusque-là tenus baissés vers la terre. Vous ! mourir !.... mourir dans un glacier !

— La mort n'aurait-elle pas été préférable aux tourments que j'éprouve ? — J'ai eu pitié de vous, Maria, et vous n'avez point eu pitié de moi. — Je vous aime, et vous ne m'aimez pas. Oui, j'ai voulu vous chasser de ma pensée. Mais, sur les cimes les plus escarpées, dans les montagnes comme dans les vallées les plus sauvages, c'est toujours vous que j'ai rencontrée ; c'est toujours vous que j'ai entendue... Maria était toujours présente au souvenir du cristallier ? Maria le suivait partout !

— Grâce ! dit Maria en se laissant tomber sur le rocher, grâce !

— Enfin, il m'a fallu revenir vers vous. J'ai épié vos pas. Chaque jour, je vous ai suivie sur ce mont. Du haut de la Roche-Longue, je vous voyais, je respirais l'air que vous respiriez, et j'ai senti que vous étiez devenue mon existence. Ah ! si vous ne me haïssiez pas ! — si vous consentiez à devenir l'épouse du cristallier !

A ces mots, il tombe aux genoux de la jeune fille, suppliant, attendant l'arrêt qu'elle va prononcer. Maria jette de nouveau ses regards sur lui, hésite un moment, puis se relève violemment agitée. Son front s'illumine, elle le regarde avec l'expression d'une délirante joie, et laisse échapper quelques-uns de ces mots magiques qui tombent dans le cœur d'un amant comme l'explosion d'un amour partagé. Le cristallier est au comble de l'ivresse : il saisit sa main, la mouille de ses larmes, la couvre de ses baisers. Mais tout à coup Maria se trouble et pâlit ; ses traits se contractent, sa langue se lie, et son visage, qui tout à l'heure rayonnait de bonheur, ne porte plus que l'empreinte de l'épouvante et du désespoir. Quel changement subit et quel mystère ! Jacques lui parle encore, mais elle dégage vivement sa main de la sienne, et s'enfuit en poussant un cri d'horreur.

Le cristallier resta anéanti ; la nuit le trouva à la même place.

En arrivant au chalet, Maria fit tous ses efforts pour cacher son émotion à sa mère ; mais elle ne tarda pas à la quitter et alla frapper à la porte du curé des Ouches. C'était un digne prêtre, un excellent vieillard. Il fit asseoir Maria près de lui, et, à l'agitation qu'elle ne pouvait maîtriser, il comprit qu'il s'agissait d'une révélation. Il l'engagea donc à s'expliquer, mais, au lieu de cela, elle se mit à fondre en larmes ; et, quand les paroles purent se faire jour à travers son émotion, elle lui dit qu'elle était résolue de quitter les Ouches le lendemain matin dès la pointe du jour, pour aller se cacher dans quelque retraite profonde, aux confins de la Savoie. Le curé combattit ce projet avec force et lui en fit envisager les dangers. Ensuite il lui parla de sa mère dont elle était l'amour et l'espoir, de sa mère qui mourrait peut-être de chagrin.

— Voilà, précisément, dit Maria, pourquoi je viens auprès de vous. Ma mère, pour qui je donnerais ma vie, n'en mourra pas si vous avez pitié d'elle; si demain vous allez lui dire : Maria ne reparaîtra pas ce soir ; mais Dieu l'a voulu ; elle n'a fait qu'obéir à Dieu : pardonnez-lui.

— Dieu l'a voulu ! — Je ne dirai pas cela, Maria, car Dieu ne veut pas qu'on abandonne ainsi sa mère.

— Si vous saviez, mon père ! si vous pouviez comprendre ! — Oh ! ne me refusez pas le service que je vous demande en pleurant.

— Non, Maria , non, je n'en ferai rien.

— Vous voulez donc que je reste aux Ouches ? mais, si je reste , mon père , je suis perdue.

Ces paroles, le ton pénétré dont elle les prononça, le geste dont elle les accompagna , firent une impression profonde sur le vieillard ; il se reprocha de n'avoir peut-être pas mis assez de ménagement dans son refus , et se hâta de reprendre la conversation.

— Calmez-vous, mon enfant ; je vois qu'il y a un grand chagrin au fond de votre âme. Ne craignez pas de vous ouvrir à moi ; et si je suis convaincu de la nécessité de votre départ, je ne balancerai pas à faire ce que vous desirez.

Depuis que Maria avait connu le cristallier, elle avait concentré bien des tempêtes dans son cœur. En entendant le vieillard, elle éprouva le besoin de chercher un soulagement à ses peines dans les épanchements d'une confidence provoquée du ton le plus persuasif, et n'hésita pas à lui révéler ses secrets. D'abord elle lui rappela l'événement du glacier de Taconnay , mais en peu de mots , car il était connu de toute la vallée. Elle lui parla ensuite des visites qu'elle avait reçues de Jacques , et ne lui cacha pas que sa présence avait fait naître dans son âme un sentiment nouveau et plus vif que celui de la reconnaissance. Mais elle prit Dieu à témoin qu'elle n'avait épargné aucun effort pour l'étouffer. Elle raconta enfin la rencontre des deux voyageurs sur le mont Breven ; l'apparition subite de Jacques au haut de la Roche-Longue ; la conversation qu'elle avait eue avec lui, la proposition qu'il lui avait faite de l'épouser, et la manière dont elle l'avait quitté. Tantôt sa parole était prompte et lucide, tantôt elle n'exprimait que des idées confuses et incohérentes. Quand elle eut cessé de parler, elle pencha sa tête sur sa poitrine dans l'attitude de la honte et de l'accablement.

Le vieillard ne l'avait pas interrompue. Au premier mot qu'elle lui avait dit de Jacques, il avait jugé qu'il s'agissait d'une violente passion : mais il ne s'expliquait pas pourquoi, quand celui-ci lui avait proposé de devenir son épouse, elle avait fui avec un cri d'horreur. Quelqu'habitué qu'il fût à lire dans le fond des cœurs, il y avait là un mystère qui échappait à sa pénétration. Évidemment Maria ne lui avait pas tout révélé.

— Maria, lui dit-il après quelques instants de silence, Dieu ne condamne pas un amour légitime. — Jacques veut devenir votre époux ; il vous l'a déclaré ; pourquoi ne bénirais-je pas votre union?

— Cela est impossible, mon père.

— Impossible! je ne vous comprends pas, et je crois que votre imagination vous égare.

— Non, non.

— Allons, parlez...

— Eh bien, oui, mon père, car j'ai promis de ne

vous rien cacher. Vous souvenez-vous de cette soirée où ma mère était près de mourir ? vous vîntes dans notre chalet pour lui apporter le viatique des mourants.

— Et vous, agenouillée, vous avez prié avec ferveur.

— Oui, je priais de toute mon âme, car j'aime ma mère comme moi-même, plus que moi-même. Je demandais à Dieu de lui rendre la santé et je lui promettais.......

— Achevez.

— Mon Dieu, lui disais-je, sauvez ma mère, et je jure de n'être jamais qu'à vous. M'entendez-vous, mon père, m'entendez-vous, maintenant ? Et j'ajoutai : Si je deviens parjure à la promesse que je vous fais, punissez-moi, mon Dieu, punissez-moi sur ma mère.

— Fille imprudente !

— Et Dieu m'exauça, car il est bon et puissant. Ma mère revint à la vie; et ce ne sera pas moi qui la ferai mourir en trahissant ma promesse. — Oh ! vous ne me direz plus d'épouser Jacques. — Vous ne me le direz plus, n'est-ce pas ? — de crainte que je ne succombe à mon coupable amour, vous voudrez que je m'éloigne, que je me dérobe aux regards de cet homme dont la présence m'environne d'affreux dangers. Vous le voudrez, et vous direz à ma mère que, si sa fille l'a quittée, elle ne doit pas la maudire, parce que Dieu ne la maudira pas.

— Calmez-vous, je vous en conjure, et écoutez-moi. C'est un ami, un père qui vous parle.

— Grâce ! grâce !

—Oui, écoutez, car c'est à moi d'apaiser le trouble que j'ai causé.

— Parlez, mon père.

— Dieu n'accepte pas tous nos sacrifices. Savez-vous s'il n'a pas rejeté celui que vous lui avez offert?

— N'a-t-il pas rendu la santé à ma mère?

—Et qui vous dit qu'il ne l'a fait qu'en daignant abaisser ses regards sur vous? si votre vœu a été irréfléchi, téméraire......

— Quoi!

— Lorsque votre mère aura vécu tous les jours qui lui sont comptés, que deviendrez-vous dans ce monde, seule, sans famille, sans appui? Ne voyez-vous pas les dangers dont vous serez entourée? — Réfléchissez et rapportez-vous-en à ma prudence. Je vais écrire à monseigneur l'évêque d'Annecy : s'il vous relève de votre vœu, promettez-moi de devenir l'épouse du cristallier.

— Jamais! jamais, dit la jeune fille d'une voix forte.

— Maria!

— Entre lui et moi, — dans cette vie et dans l'autre, ajouta-t-elle, — séparation, séparation éternelle!

En ce moment, les cheveux de Maria se dressèrent sur sa tête, et elle tressaillit en proie à une invincible horreur. Le vieillard se leva épouvanté; mais elle s'attacha à lui.

— L'épouse de Jacques! dit-elle; vous ne le connaissez pas, mon père? — mais je sais qui il est, moi. — Jacques le cristallier est un réprouvé.

—Silence!

— Oui, c'est le démon que Satan a envoyé sur la terre pour me tenter, — et il s'est attaché à moi comme à sa proie, — et la vie de ma mère, ma vie, mon âme, — voilà ce qu'il m'a demandé, quand il m'a dit : Consentez à devenir mon épouse.

— Pauvre insensée ? murmura le vieillard.

— Insensée ! oh ! non. — Les cristalliers de nos montagnes ne sont-ils pas les envoyés de l'enfer ?

Le mystère de cet amour mêlé d'horreur que Jacques avait inspiré à la jeune fille, était enfin dévoilé. Aux derniers mots qu'elle avait prononcés, le vieillard s'était souvenu de cette opinion superstitieuse qui voyait dans les cristalliers des êtres à part, en perpétuelle communication avec Satan... il poussa un profond soupir, et après s'être remis de sa surprise, il essaya de détromper Maria; mais celle-ci l'interrompit en s'écriant avec un accent de profonde conviction :

— Vous n'êtes pas né dans cette vallée, mon père, et vous pouvez douter de ce que je viens de vous dire. Mais nous qui, depuis notre enfance, connaissons cette race maudite, pouvons-nous craindre de nous tromper ? Jacques aurait-il pu m'arracher à la crevasse du glacier, aurait-il pu m'apparaître sur la Roche-Longue, si une puissance surnaturelle, infernale, n'était venue à son aide ? Vous le voyez, mon père, monseigneur l'évêque d'Annecy ne saurait me relever de mon vœu et je ne serai jamais l'épouse de celui qui a fait un pacte avec Satan.

Quand les imaginations sont trop vivement excitées, on s'attaquerait en vain aux fantômes qui les troublent. Il faut que le temps les calme et les refroidisse pour que la raison et la vérité puissent s'y faire jour. C'est ce que ne tarda pas à comprendre le curé des Ouches. Aussi renonça-t-il à faire de nouvaux efforts pour désabuser Maria, et prenant en pitié des douleurs si naïves, il lui déclara qu'il ne la retenait plus, qu'elle pouvait partir et qu'il se chargeait du soin de consoler sa mère. Mais il ajouta :

— Dieu ne vous a pas envoyée vers moi pour que je cesse de veiller sur vous, et vous me permettrez de choisir moi-même le lieu de votre retraite. Valorsine touche aux frontières de la Suisse. Vous irez à Valorsine. Promettez-le moi, mon enfant.

Maria le lui promit. Il s'assit alors devant une table vermoulue et se mit à écrire : puis s'étant rapproché de la jeune fille : « Prenez cette lettre, lui dit-il, demain quand vous arriverez à Valorsine, vous la remettrez à M. Frioul ; c'est nn homme de bien : je suis sûr qu'il ne vous abandonnera pas. Ecoutez ses conseils, ceux de sa femme, et songez toujours à Dieu et à votre mère. »

Maria se jeta à ses pieds, les mains jointes, la tête penchée vers la terre, en s'écriant : mon père ! — bénissez-moi...

Le vieillard étendit les mains et la bénit en versant des larmes.

Maria passa une terrible nuit. Avant le jour elle se leva et se mit à prier. Puis elle s'approcha de sa mère, l'écouta respirer quelques instants, posa doucement ses lèvres sur ses cheveux blancs et sortit du chalet en refoulant dans son âme un douloureux soupir. Elle avait déjà traversé le Prieuré quand le soleil vint éclairer la cime du Mont-Blanc.

En sortant du Prieuré la route remonte la rive droite de l'Arve, au milieu de champs cultivés, de prairies, de bois d'aulnes et de mélèzes. Le voyageur qui la parcourt regarde avec complaisance les hameaux des prés et des bois. Elle s'enfonce ensuite dans une gorge montueuse, où la rivière se brise contre d'énormes blocs de granit. Au bord de l'eau, la chapelle de Tines et un petit moulin se dessinent d'une manière pittoresque sur le fond vert d'un rideau de peupliers. Nul site n'est plus gracieux et plus frais. Nul paysage n'éveille des sensations plus douces. Maria s'arrêta pour prier sur le seuil de la porte de la chapelle. Des voyageurs qui vinrent à passer la considérèrent avec surprise. Immobile, agenouillée sur la pierre, on l'aurait dite placée là pour ajouter à la poésie du paysage. Quand elle se releva, ils remarquèrent qu'elle pleurait : la pitié les saisit et ils lui jetèrent une petite pièce d'argent. Elle se contenta de la regarder, car elle n'avait rien demandé : la pauvre fille n'avait pas même songé qu'elle ne pourrait faire le trajet des Ouches à Valorsine sans prendre quelque nourriture. L'aspect de la petite pièce d'argent lui fit faire cette réflexion. Elle se décida à la ramasser et entra dans le moulin où elle l'échangea contre un morceau de pain noir, des fruits et du laitage, en remerciant la Providence qui ne l'abandonnait pas.

Il y a loin encore de la chapelle des Tines à Valorsine. Maria y arriva vers le milieu de la journée. M. Frioul après avoir lu la lettre du curé des Ouches, la communiqua à sa femme. Le curé n'avait rien caché, rien dissimulé. Ils comprirent quel fardeau il leur imposait en les priant de prendre cette jeune fille à leur service ; mais on trouve partout des âmes généreuses qui remercient la Providence quand elle leur procure le mérite d'une bonne action, et Maria fut aussitôt installée dans la maison de M. Frioul. A peu de jours de là, la terre se couvrit de neige: les voyageurs cessèrent de traverser la vallée et les femmes s'enfermèrent dans les habitations. M. et Mme Frioul essayèrent plusieurs fois, selon les instructions du curé des Ouches, de donner des conseils à Maria: elle les écoutait avec attention et reconnaissance, mais sans en recueillir aucun fruit. Vers la fin du mois de mai, quand la verdure reparut sur les montagnes ils lui confièrent le soin de conduire deux vaches au pâturage : elle partait dès le matin et ne rentrait au châlet que le soir. Sa vie s'écoulait ainsi avec une monotonie désolante et les plus cruels souvenirs ne cessaient de jeter le trouble dans son imagination.

CHAPITRE XIII.

Suite de Maria Paradis — La chasse au chamois — Le four à cristal.

Nous avons laissé Jacques sur le mont Breven, immobile et surpris par la nuit, à la même place où il était tombé aux genoux de Maria. Le ciel s'était couvert de nuages. Le vent d'est amena une pluie glacée. La foudre gronda. La tempête déracinait les grands arbres et les faisait rouler dans le fond de la vallée, entraînant avec eux des masses de cailloutages. Un rapide éclair couvrit le cristallier d'une flamme blafarde et un coup de tonnerre le tira de sa léthargie. Par instinct plutôt que par raisonnement, il se jeta dans la cavité d'un rocher et y passa une nuit terrible troublée tout à la fois par l'agitation de la journée et la fureur des éléments. Le lendemain, assis devant la porte de son chalet, pâle, défait, il rêvait aux événements de la veille. Maria lui avait dit qu'elle l'aimait, et de tels aveux se gravent plus profondément dans une âme ardente que le choc de la foudre dans les entailles du rocher; mais elle avait fui épouvantée quand il lui avait proposé de l'épouser! Comment trouver le secret d'une conduite si inexplicable? Que devait-il croire? que pouvait-il espérer? Son esprit s'abîmait dans ce mystère, et il sentait qu'il ne pouvait vivre au milieu de ces cruelles angoisses. Qui les ferait cesser? à qui s'adresserait-il pour demander l'espérance ou la mort? Lui, si courageux, si téméraire, tremblait comme un enfant à la seule idée de se trouver encore en face de Maria. Il prit enfin une résolution et se rendit chez le curé des Ouches. A son nom, le curé ne put maîtriser un moment de surprise, mais Jacques n'en fut pas étonné, car il ne doutait pas que le vieillard n'eût entendu parler du cristallier qui avait sauvé la vie à Maria. Du ton le plus bienveillant, le curé lui demanda l'objet de sa visite.

— Je n'ai point d'amis dans le village des Ouches, répondit Jacques, mais on dit que vous êtes bon et compatissant, et je viens auprès de vous pour que vous soyez le mien.

— Volontiers, Jacques, j'ai entendu parler de vous, et je m'intéresse à votre sort. L'événement du glacier du Taconnay vous a mérité l'estime de toute la vallée.

— Cependant il m'a été bien funeste, car je n'avais pas demandé à Dieu qu'une jeune fille se trouvât sur mon chemin pour que je l'arrachasse à la mort.

— La Providence s'est servie de vous pour l'accomplissement de ses desseins. Vous n'avez pas le droit de vous en plaindre.

— Et si en sauvant cette jeune fille, j'ai perdu mon repos ?

— Mon fils !

— Pardonnez-moi, mon père ; mais j'aime Maria : je l'aime de toute mon âme et je veux devenir son époux devant Dieu. Elle me doit la vie, je veux lui devoir la mienne ; car sans elle il n'y a plus pour moi que la mort : et voilà pourquoi je viens vers vous. Maria et sa mère se dirigent sans doute d'après vos conseils. Dites-leur qu'il faut que Maria accepte le cœur du cristallier ; qu'il faut que vous bénissiez leur union. Dites-le leur, elles ne vous refuseront pas et je vivrai pour elles, — et pour vous, mon père.

Ces mots furent prononcés avec l'accent d'une énergique passion ; le curé en les entendant, comprit tout ce que sa position avait de pénible. Refuser de se charger de la commission de Jacques, c'était le jeter dans le désespoir, et dans cette âme ardente le désespoir pouvait faire de terribles ravages. Promettre, après avoir reçu les étranges confidences de Maria, c'était le bercer d'une vaine espérance et l'exposer à une terrible explosion quand elle serait déçue. Se contenter de ces paroles vagues qui ne satisfont à rien, c'était peut-être arriver par une autre voie au résultat que faisait craindre un refus absolu. Ce dernier parti présentait cependant le moins d'inconvénients, et le vieillard s'y arrêta. Mais quelque précaution qu'il pût prendre, il parvint difficilement à dissimuler sa répugnance à se rendre aux desirs du cristallier. Heureusement, une objection sérieuse se présenta à son esprit. Maria possédait au chalet, une prairie qui lui permettait de nourrir une vache tout l'hiver, et c'était à la rigueur tout ce qu'il fallait pour être toujours au dessus du besoin. Il avait oüi dire au contraire que Jacques n'avait rien, pas même le chalet qu'il habitait, et il était à craindre que cette différence de position ne devînt un obstacle à ses projets, du moins de la part de la mère de Maria. Le curé insista là-dessus, disant qu'il fallait tout prévoir, aller au devant de toutes les difficultés pour parvenir à les vaincre. La prudence, la sagesse le demandaient ainsi.

Jacques fut frappé de ces observations ; il s'imagina que sa misère était la seule barrière qui s'opposait à son bonheur, et que le curé venait de laisser échapper un secret que Claudine avait déposé dans son sein. Il s'expliqua par cette circonstance la singulière conduite de Maria à son égard. Sans doute cette explication eût été peu satisfaisante pour un esprit moins agité, et qui aurait mieux apprécié le passé; mais il saisit avec avidité celle-ci, parce que, avant tout, il lui en fallait une. Aussitôt un rayon de joie éclaira sa figure, jusque-là si sombre, et il interrompit le vieillard en s'écriant :

— Je suis pauvre, mais bientôt je serai riche, mon père, je vous le promets. Je donnerai à Maria dix vaches et des prairies. J'achèterai les rives de l'Arve, depuis les Ouches jusqu'au Prieuré. Tout le hameau des Pèlerins sera à moi. — Rien qu'à moi et à Maria ! Ces montagnes ne sont pas stériles pour qui a de l'amour dans l'âme, de l'audace dans le cœur, de la force dans les bras. Au revoir, mon père au revoir !

A ces mots il s'éloigna, laissant le vieillard dans une sorte de stupéfaction ; le digne homme qui ne savait quel sens donner aux dernières paroles qu'il venait d'entendre, et comment expliquer un départ si subit, demeura convaincu que le crist allier extravaguait.

Le lendemain, vers midi, Jacques ne s'était pas encore montré dans le hameau. Ses voisins, Pierre Couttet en tête, écoutaient à la porte de son chalet et l'entendaient prononcer des paroles incohérentes. Après s'être consultés, ils se décidèrent à enfoncer la porte. Ils le trouvèrent étendu sur la paille, parlant et gesticulant avec véhémence. La fièvre s'était emparée de lui et se manifestait par un effrayant délire. On le livra aux soins du chirurgien du Prieuré. Sa maladie fut longue et cruelle. Quand vint la convalescence, il ne songea plus qu'à réaliser les projets qu'il avait formés, en entendant le curé des Ouches. Mais les forces ne reparurent complétement que dans les premières belles journées du mois de juin. L'arome des plantes des montagnes acheva l'ouvrage du chirurgien du Prieuré.

Un soir il ceignit ses reins de la ceinture du cristallier ; il y suspendit un hoyau dont la pointe était aiguë de chaque côté, une corde et des crampons munis de leurs courroies. Il mit dans une carnassière, de la poudre, des balles, une lunette d'approche, des morceaux de pain d'avoine, du fromage, une gourde d'eau-de-vie de gentiane, et la jeta sur ses épaules. Puis il prit sa carabine et se mit en marche. Deux heures après il avait traversé la vallée et était parvenu au chalet de Pliampras. Ce chalet est assis sur la croupe du mont Breven, mais à une grande distance de la Roche-Longue : Jacques y passa la nuit. A la pointe du jour il se leva, fit une courte prière où il mêla plusieurs fois le nom de Maria, et se mit à marcher dans la direction des Aiguilles Rouges. En gravissant les flancs escarpés de cette montagne, il aperçut dans le lointain, à l'aide de sa lunette d'approche, un chamois qui ouvrait ses naseaux au soleil sur l'étroite saillie d'un rocher. Il observa d'abord d'où venait le vent, et après avoir rétrogradé de quelques pas, il se mit à décrire une grande courbe en ayant soin de cacher sa marche derrière les éminences. Le chamois est timide, son odorat excellent et son ouïe extrêmement fine. Ce n'est point avec de l'agilité qu'on le surprend, il faut pour cela de la ruse et de la patience. Jacques arriva sur l'affût : une hauteur où de toute ancienneté on avait établi *un luegi*. Un luegi est une place favorable pour l'affût: deux grands quartiers de pierre sont appuyés l'un contre l'autre, laissant un intervalle entre eux, au travers duquel le chasseur peut regarder au loin sans être vu. De cette place Jacques aperçut le chamois sans le secours de sa lunette, mais il ne put distinguer la cambrure des cornes et jugea qu'il en était encore trop éloigné. Aussitôt il se mit à ramper avec les pieds et les mains, s'arrêtant quelquefois pour observer l'animal. Il n'en était plus qu'à deux cents pas, déjà il avait appuyé sa carabine sur l'échancrure d'un roc pour faire feu. Mais tout à coup, il se lève avec vivacité, dépose à terre sa carabine, s'élance, et se saisissant du hoyau se met à frapper un énorme rocher formant croupe du côté opposé à la vallée. Après quelques coups, il s'arrêta et baissa la tête en s'écriant : Rien ! rien ! Pendant ce temps le chamois avait disparu.

Pareil incident se renouvela plusieurs fois dans le cours de la journée. Les masses de rochers attiraient bien plus l'attention de Jacques que les chamois. Il allait les interrogeant du regard et du hoyau et les chamois s'enfuyaient toujours. La chasse n'était pas son but. Quand la nuit vint, il avait dépassé les Aiguilles Rouges et se trouvait sur le Mont Oreb, en face de la montagne du Buet. Il s'assit sur un grand rocher plat appuyé par un de ses angles contre le tronc d'un melèze que la foudre avait noirci. Sans feu, sans lumière, il tira de sa carnassière un peu de fromage, un morceau de pain d'avoine et la gourde d'eau-de-vie. Il brisa ensuite le pain avec la pointe du hoyau et se mit à prendre le léger repas auquel le chasseur de chamois est accoutumé. Puis, ayant placé une pierre sous sa tête, il s'endormit rêvant de richesses et de Maria. Le lendemain, aux premières clartés du jour, il chaussa ses crampons, car la montagne du Buet, qui se dressait devant lui, était presque entièrement couverte de neige durcie, et il s'avança avec intrépidité, ne ralentissant sa marche ni sur les surfaces glissantes, ni sur les crêtes ardues. La journée ne fut pas meilleure que celle de la veille. Tous les rochers furent muets et tous les chamois lui échappèrent. L'impatience et le découragement commençaient à le saisir, lorsque braquant sa lunette sur l'extrémité d'un champ de neige, il tressaillit en voyant un troupeau de ces animaux mêlés avec des bouquetins ; les uns couchés, les autres broutant la carline et le génepi.

Deux chamois étaient en vedette sur une éminence, épiant les alentours avec la vigilance d'une sentinelle perdue sur un territoire ennemi. En ce moment Jacques sentit se réveiller en lui l'ardeur de la chasse. Il oublia les masses compactes de rochers, prit le vent et s'avança vers le troupeau en suivant le creux d'une ravine. A peine il en sortait, que les vedettes s'aperçurent de son approche. Elles poussèrent une espèce de sifflement prolongé et tous les chamois et les bouquetins vinrent les entourer pour juger par eux mêmes du danger. Un moment après, un chamois alla se placer à leur tête et ils s'éloignèrent à la file en descendant une rampe escarpée. Jacques survit leurs traces à travers les routes les plus périlleuses, s'élançant comme eux de rochers en rochers. Enfin, il braqua de nouveau sa lunette et les revit sur un petit plateau, entourés cette fois de quatre vedettes. Alors il n'hésita pas. Il passa sa chemise par dessus ses autres vêtements pour imiter la couleur de la neige, ôta ses crampons et se traînant sur le ventre, il s'approcha du troupeau avec tant de précaution qu'il mit les vedettes en défaut. A deux cents pas de distance il s'arrêta, coucha en joue un chamois qui se dessinait sur la saillie d'un rocher, fit feu et s'élança. Mais en arrivant sur le point d'où le troupeau venait de s'enfuir, il ne trouva ni chamois étendu sur le rocher, ni traces de sang. Cependant il avait ajusté son coup avec le calme qui devait en assurer le succès. Après un instant de réflexion, il s'approcha de la saillie sur laquelle il l'avait dirigé et aperçut à ses pieds un précipice, au fond du précipice un terrain plat de cinq à six pas de circonférence, et en avant de ce terrain des rochers taillés à pic qui formaient eux-mêmes un précipice encore plus affreux que le premier. Le soleil avait disparu ; il ne faisait plus qu'un demi-jour ; Jacques se pencha sur le bord de l'abîme et ses regards perçants distinguèrent un chamois gisant sur le terrain plat. Aussitôt il se débarrasse de sa chemise, saisit un bout de la corde qui pend à sa ceinture, l'attache fortement à la saillie du rocher et se laisse couler dans l'abîme. Mais à peine a-t-il fait la moitié du trajet qu'il pousse un long cri ; d'une de ses mains et de ses pieds il embrasse étroitement la corde et reste suspendu dans l'air. La main libre relève le hoyau et le laisse retomber aussitôt sur la paroi verticale du rocher. Oh ! bonheur ! les veines de quartz mélangées de schorl qui couraient brunes et tachées de grains verdâtres sur la masse granitique ne l'avaient pas trompé. Chaque coup de hoyau amène un lourd retentissement. Jacques ne peut en douter, il a touché le but : il vient de découvrir un four à cristal : « Je « suis riche, s'écrie-t-il, avec l'explosion d'une déli- » rante joie. Je suis riche, et Maria est à moi. Merci, « mon Dieu, car c'est vous qui m'avez conduit ici. » Merci, merci. »

Le jour continuant à baisser, bientôt l'ombre ne permettrait plus de distinguer les objets. Jacques achève l'autre moitié du trajet, boit quelques gouttes du sang du chamois, merveilleux préservatif contre les vertiges, éventre l'animal, jette au loin l'estomac et les intestins et attache les pieds de derrière à ceux de devant. Il le charge ensuite sur ses épaules comme une hotte, puis ressaisit la corde et remonte au point du départ avec autant de facilité et de sang-froid que si l'ascension ne présentait ni fatigues ni périls. La corde resta attachée à la saillie du rocher pour lui servir d'indication sur la place qu'occupait le trésor qu'il venait de découvrir, et il partit en répétant ces mots : « Demain ! fortune ! bonheur !

Le lendemain de cette journée, Maria se leva plus matin que de coutume ; elle avait eu, pendant la nuit, un songe effrayant : le cristallier lui était apparu, non point tel qu'elle l'avait vu à Ouches et sur le mont Breven, mais sous une forme vaporeuse et légère ; c'était une ombre souffrante qui tantôt s'enfonçait dans la crevasse d'un rocher, tantôt surgissait de l'abîme pour flotter autour de sa couche, lui lançant des regards courroucés et de cruelles paroles. A son réveil, ses yeux avaient versé d'abondantes larmes, car elle avait ouï dire que lorsqu'un chasseur avait péri dans quelque lieu ignoré il revenait de nuit visiter la personne qui lui avait été la plus chère. L'esprit plongé dans une sombre mélancolie, elle sortit de Valorsine se laissant, en quelque sorte, conduire par ses vaches qu'elle suivait à distance. Ces animaux s'écartèrent des sentiers accoutumés et errèrent longtemps au hazard : quand Maria s'en aperçut, elle se trouvait sur les bords d'un torrent, dans un site sauvage où elle n'avait jamais passé ; un pont de glace joignait les deux rives : les vaches le traversèrent et elle le traversa aussi, ne sachant ni par quel chemin elle était arrivée là, ni par quel chemin elle en sortirait. Ses vaches s'enfoncèrent ensuite dans une forêt de mélèzes qui couvrait le flanc d'une haute montagne, et au sortir de la forêt elle aperçut à sa gauche la cime éclatante du Buet. A cent pas d'elle trois hommes debout, sur une éminence, attirèrent son attention ;

ils étaient là dans l'attitude de l'attente et de l'anxiété, les yeux fixés sur un point que lui cachaient les inégalités du terrain. Aussitôt elle se dirigea vers eux, poussée par une curiosité instinctive et par l'espoir qu'ils lui indiqueraient la route qu'elle devait prendre pour gagner les pâturages où elle avait coutume de se rendre ; à leur costume, elle reconnut deux étrangers et un guide de Valorsine. A mesure qu'elle se rapprochait d'eux, il lui semblait que des exclamations de crainte frappaient ses oreilles, et elle tressaillit involontairement. Elle n'en était plus qu'à quelques pas, quand elle entendit des coups retentir sur le point vers lequel leurs regards se dirigeaient; elle porta aussitôt les siens de ce côté. Suspendu par une corde légère, à mi-hauteur d'un précipice, un cristallier se cramponnait d'une main aux rares aspérités d'une roche taillée à pic, et de l'autre armée d'un hoyau, attaquait vivement la masse de granit ; il y avait plus que de l'ardeur dans ses mouvements, c'était de la passion, de la rage ; quelquefois une brusque secousse le détachait de la roche ; alors, balancé dans l'air, tournoyant, se tordant, il se consumait en efforts, jusqu'à ce qu'il fût parvenu à reprendre sa première position. Quelquefois, couvert d'éclats de rochers, il s'arrêtait un moment et recommençait bientôt après, redoublant ses coups, et imprimant à la corde qui le soutenait un effrayant frémissement. Maria a reconnu Jacques dans le téméraire qui joue sa vie contre l'appât d'un trésor, et elle tombe à genoux, les mains jointes sur son cœur, les traits décomposés, le corps inondé d'une sueur aussi froide que la glace qui l'environne. Ce qui se passe dans son âme Dieu le sait. Jacques poursuit sa périlleuse entreprise : la roche cède, se fend, s'entr'ouvre, un large fragment s'en détache et laisse voir l'intérieur d'un four à cristal ; les rayons du soleil y pénètrent tout à coup, et mille prismes étincellent reflétant les couleurs du saphir, du rubis, de l'émeraude, lançant les feux du diamant. Jacques pousse un cri de triomphe, et s'attache de ses deux mains aux bords de la grotte. Un mouvement encore, et l'intrépide enfant des montagnes prend possession des richesses qu'il a conquises sur la nature ! mais tout à coup la partie supérieure de l'ouverture craque, des blocs énormes de granit ont perdu leur point d'appui ; ils tombent avec un bruit terrible. Malheur ! l'avalanche de rochers atteint le cristallier et l'entraîne dans le précipice. Maria ne voit plus que des vêtements en lambeaux, des membres épars, un crâne sanglant : « Mon rêve ! mon rêve ! » s'écrie-t-elle d'une voix horrible à entendre, et elle tombe sur la neige, livide comme un cadavre.

Attirés par ses cris, le guide et les voyageurs s'élancèrent vers elle et la relevèrent. Le guide la reconnut ; ils s'expliquèrent la déplorable situation dans laquelle ils la trouvaient, par le spectacle que venait de donner le cristallier; eux-mêmes en étaient trop vivement émus pour ne pas songer qu'il avait dû glacer de terreur l'esprit d'une jeune fille. Ils voulurent l'interroger, mais ils n'en obtinrent que quelques paroles confuses, inintelligibles; ils lui présentèrent des cordiaux, mais elle les repoussa ; et voyant que ses membres tremblaient, qu'elle se soutenait à peine, ils coupèrent quelques branches de mélèze, et, sur un brancard fait à la hâte, la rapportèrent à Valorsine, le cœur tout saisi de pitié. Quand elle reprit l'usage de la parole, elle était entourée du chirurgien du village, de M. Frioul, qui la contemplait avec une anxiété paternelle, de Madame Frioul, qui pleurait, et d'un prêtre qui priait, car on avait cru d'abord qu'elle allait mourir. Aux approches de la nuit, le chirurgien fit ses prescriptions et se retira, M. Frioul et le prêtre le suivirent. Madame Frioul veilla la pauvre fille.

Le lendemain matin, Maria raconta à ses maîtres le terrible évènement dont elle avait été témoin; et nul motif ne l'arrêtant plus à Valorsine, il fut convenu qu'elle retournerait près de sa mère dès que ses forces le lui permettraient. Quand le jour du départ fut venu, M. Frioul lui donna ses derniers conseils. Madame Frioul l'embrassa avec émotion et la força d'accepter quelque argent. Pénétrée de respect et de reconnaissance, elle se retira en sanglotant.

En traversant le Prieuré, elle rencontra Claude Frassera, l'aubergiste, qu'elle connaissait parce qu'il était, comme elle, natif des Ouches. Celui-ci, en la voyant, prit un air consterné :

— Où vas-tu, Maria, lui dit-il ?

— A Ouches, M. Frassera.

—Y a-t-il longtemps que tu n'en as de nouvelles?

— Mais.....

— Depuis trois jours?

— Bien davantage.

— En ce cas, suis-moi, pauvre enfant.

Maris le suivit, agitée d'un vague et pénible pressentiment. Elle n'avait plus qu'un malheur à redouter, et elle en apprit la nouvelle de la bouche de l'aubergiste. Sa mère était morte subitement l'avant-veille. Si elle ne succomba pas immédiatement à l'excès de sa douleur, c'est que Dieu avait d'autres desseins sur elle. Quand elle eut repris un peu de calme, elle dit à Frassera : « Qu'irais-je faire à Ouches, maintenant !.... Gardez-moi chez vous, employez-moi dans votre auberge : je vous servirai avec zèle et fidélité, et vous ne vous repentirez pas d'avoir eu pitié de moi. » Frassera accepta sans balancer. Quelques jours après il se rendit à Ouches, vendit la vache de Claudine et en rapporta le prix à Maria ; il donna à bail, à un porteur de la vallée, le chalet et la prairie. Sa femme et lui se déclarèrent les protecteurs de la jeune fille. C'était un de ces hommes à qui les bonnes actions sont faciles, surtout quand elles ne blessent pas leurs intérêts, et il voyait au contraire profit à s'attacher une personne qui travaillerait par dévouement à la prospérité de son auberge.

Maria paraissait calme dans sa tristesse, mais il y avait du désespoir sous son apparente résignation ; la contrainte même qu'elle s'imposait le long de la journée servait à rendre ses nuits plus cruelles. Le crâne brisé du cristallier ne cessait de se représenter à ses regards : il lui semblait que Satan venait s'attacher à cette proie, et pour échapper au supplice de l'horrible vision, elle implorait la mort. Vingt fois elle avait formé la résolution de se précipiter dans l'Arve, dont les flots murmuraient sous les murs de l'auberge de Frassera; vingt fois elle avait entr'ouvert la fenêtre de sa chambre pour exécuter ce funeste dessein, mais elle s'était arrêtée devant le souvenir de sa mère. L'image de Claudine et celle de Jacques étaient son bon et son mauvais génie ; la première l'attirait dans le ciel, la seconde dans l'abîme. Livrée à ces affreuses préoccupations, dont le dernier terme était une idée de destruction, qui l'emportera de sa mère ou du cristallier ?

CHAPITRE XIV.

Suite de Maria Paradis — L'ascension du Mont-Blanc.

Le mois d'août était venu : on ne parlait dans le Prieuré que d'une ascension au Mont-Blanc, projetée par Victor Terras et quelques guides de la vallée ; Frassera était de ce nombre, car il exerçait la double profession de guide et d'aubergiste : l'une faisait même valoir l'autre. Le treize, à sept heures du matin, on se rassembla devant sa porte. Victor Terras, Jacques Balmat et ses deux fils, Michel Terras, Victor Dessain et Joseph Foligné arrivèrent successivement au milieu de groupes nombreux qui venaient assister au départ. Tous ces hommes étaient forts, robustes, alertes, accoutumés à vaincre les éléments et à braver les dangers. Jacques Balmat, l'ancien guide de M. de Saussure, leur avait promis de les conduire sur la tête du colosse par un chemin facile qu'il avait récemment découvert; chacun d'eux était muni d'un long bâton blanc armé d'une pointe de fer, et d'un sac contenant du fromage, du pain, de la viande rôtie et de quelques citrons. Victor Dessain y avait joint une gourde d'eau-de-vie de cerises très-petite, très-légère, car l'eau-de-vie peut devenir un poison dans les hautes régions que l'on va parcourir. Joseph Foligné avait jeté sur ses épaules une longue corde de chanvre pliée en faisceau. Nul d'entre eux n'avait songé à se munir d'une tente, d'une couverture de laine et d'une échelle. Une tente, une couverture de laine embarrasseraient leur marche, et ils sont habitués à coucher sur la neige des montagnes, à la clarté des étoiles. Une échelle leur était inutile, ils en trouveraient une à la pierre de Fontanet. Seulement quelques-uns portaient une hache qui devait servir à faire des entailles dans les glaciers.

Les derniers préparatifs achevés, Victor Terras fait l'appel; à peine a-t-il prononcé le dernier nom, qu'une femme s'élance de l'auberge de Frassera, munie aussi du sac et du bâton blanc, en s'écriant : « Moi, neuvième! » Un long éclat de rire part du rang des guides et de la foule des spectateurs. Maria Paradis! Maria Paradis! pendant quelques instants on n'entendit plus retentir que ces mots. Oui, c'était bien Maria Paradis, la jeune fille des Ouches, mais non point pâle, abattue, portant sur son visage les traces d'un chagrin rongeur; sa démarche est assurée, ses yeux brillent, son front rayonne : dans son attitude, dans ses regards, il y a une volonté qui se prononce, une exaltation qui déborde, une inspiration qui luit.

Frassera s'approche d'elle :

— Es-tu folle, Maria!

— Je suis jeune et j'ai du courage ; si vous ne voulez pas me recevoir dans votre compagnie, j'irai seule: avec vous, avant vous ou après vous, comme il vous plaira, mes maîtres! le chemin est large et il y a place pour tout le monde.

A ces mots, fière et la tête haute, elle va se placer sur la ligne des guides ébahis, les deux mains appuyées sur le bâton blanc, provoquant, par des gestes énergiques, le signal du départ.

On était alors en 1809, et l'on ne comptait encore que sept ascensions au Mont-Blanc depuis celle du docteur Paccard, qui date de 1786, jusques à celle de M. Fourneret de Lausanne, qui eut lieu en 1802. On savait qu'elles étaient hérissées de fatigues et de périls, et nul n'avait songé qu'une femme osât tenter une pareille entreprise. Frassera se rapprocha encore une fois de Maria en l'engageant à renoncer à son projet : Jacques Balmat l'appuya, Victor Terras leva les épaules, Dessain et Foligné crièrent à l'extravagance, mais Maria se tourna vers le Mont-Blanc : « Le ciel est pur, le soleil éclatant ;
» la cime du Mont-Blanc devient rouge comme une
» fournaise ; le géant ne s'est pas fait beau pour
» vous seuls, mes maîtres, il s'est aussi paré pour
» Maria. Croyez-moi, partons, on ne vous de-
» mande qu'une place à vos côtés, sur les glaciers,
» et cela se donne à tout le monde. »

En prononçant ces paroles, elle fit un mouvement en avant qui entraîna les guides. Exaltés par son sang-froid et son audacieuse persévérance, ils partent en s'écriant : Vive Maria Paradis ! et la foule, émue, répète, après eux : Vive Maria Paradis !

Quand on eut traversé l'Arve et pris le sentier qui conduit au glacier des Bossons, il y eut une grande agitation dans la vallée. Du mont Lacha au col de Balme, on quittait les hameaux, on se groupait sur les éminences pour suivre du regard la marche des voyageurs ; des étrangers s'installaient sur les croupes des montagnes, braquant leurs lunettes d'approche sur les points que la caravane devait traverser ; d'autres erraient çà et là, interrogeant ceux qu'ils rencontraient, s'informant des moindres circonstances qui se rattachaient à Maria et aux huit guides. C'est qu'une ascension au Mont-Blanc est un drame palpitant d'intérêt, qui se joue sur le théâtre le plus beau et le plus affreux qui soit au monde. Le sujet est la lutte de l'homme contre les éléments et les dangers; chaque pas amène sa péripétie et, jusqu'à la dernière scène, nul ne sait quel sera le dénouement : aussi, tant qu'il dure, toute affaire cesse, tout travail est suspendu ; il excite la crainte et l'espérance, il arrache des cris d'admiration ou de terreur, mais il fait aussi verser bien des larmes ; interrogez les mères, les sœurs, les épouses, les fiancées de Frassera et de ses compagnons.

Les guides et Maria poursuivirent joyeusement leur route. Après avoir traversé le village de Favrans et un petit bois d'aulnes, qui s'étend gracieux comme un jardin anglais, entre les bases de la montagne et le fond de la vallée, on s'arrêta quelques instants au hameau des Pèlerins, dans le chalet de Pierre Couttet. Il y avait là de trop vives émotions pour Maria, et, s'éloignant en toute hâte, elle s'enfonça dans une sombre forêt de sapins qui protége le hameau contre la fureur des avalanches. Quand ses compagnons la rejoignirent, elle gravissait, par un sentier oblique, les pâturages escarpés qui côtoient le glacier des Bossons. Frassera lui cria de loin : « Maria, je te croyais de retour au Prieuré. » Ces mots la tirèrent de la rêverie où elle était tombée ; un sourire forcé revint sur ses lèvres, et elle répondit, en élevant la voix : « Non pas, maître, j'allais » vous attendre sur la cime du Mont-Blanc, »

« Bien dit, s'écria à son tour toute la troupe : dé» cidément elle est des nôtres. »

On s'engagea dans un grand couloir où s'entassent les *moraines*. On dépassa successivement le chalet du Para, extrême limite des habitations répandues dans ces sauvages contrées, et les *Pierres Pointues*, énormes rochers d'où la vue commence à planer sur l'ouest de la vallée. La pente devenait de plus en plus rapide, et des arètes, couvertes de débris de glace, rendaient la marche difficile. Vers l'heure de midi on arriva à la *Pierre de Fontanel*. Sous ce grand bloc de granit, situé au dessous de l'Aiguille du Midi, la nature a creusé une grotte qui sert d'abri aux voyageurs; devant l'ouverture, quelques rhododendrons fleurissent encore, mais pâles et rabougris. La vue y est magnifique et s'étend au nord-est jusqu'à la chaîne du Jura.

La troupe entra dans la grotte, où elle retrouva l'échelle qui sert aux ascensions. Les provisions furent étalées sur la mousse, et l'on commença un frugal repas. Jacques Balmat prit la parole : « Je veux » tenir, mes amis, la promesse que je vous ai faite. » Il n'y a pas si loin que l'on croit du point où nous » sommes aux Grands Mulets; jusqu'à ce jour, on » a coupé le glacier des Bossons par la gauche : cou- » pons-le par la droite, et nous nous épargnerons trois » heures de fatigue. Si vous avez foi en mes obser- » vations vous me suivrez. »

Et tous les convives d'applaudir.

Jacques Balmat reprit la parole : « Allons, Fo- » ligné, avant d'entrer dans les champs de glace, » chante-nous la ronde des guides de Chamounix, » ta voix fera trembler l'écho de la grotte et nous » donnera de la joie. »

Foligné tint un moment suspendue à ses lèvres une bouteille remplie de vin blanc de Sion, puis il entonna la ronde dont les guides répétaient le refrain.

La voici revenue
L'heure que nous aimons :
L'aube argente la nue
Et les glaciers des monts.

Amis, il faut partir : le jour qui recommence
Dissipe l'ombre et le sommeil ;
Et bientôt le Mont-Blanc reluira, phare immense,
Sous les premiers feux du soleil.
Mont superbe ! aux dangers le guide qui s'expose
Sourit à l'abîme béant ;
Et d'un sublime orgueil s'enivre, quand il pose
Son pied sur le front du Géant.

La voici revenue
L'heure que nous aimons :
L'aube argente la nue
Et les glaciers des monts.

Dans ces âpres déserts battus par la tempête,
Le Savoyard audacieux,
De ravine en ravine, escalade la crête
Des pics alongés vers les cieux.
Puis, d'en haut, son regard embrasse, fier et calme,
L'horizon partout découvert,
Qui, du val de Servoz, s'étend au col de Balme,
Et du Breven au Montanvert.

La voici revenue
L'heure que nous aimons :
L'aube argente la nue
Et les glaciers des monts.

Comme une flèche au but, comme l'aigle à son aire,
D'un pas rapide nous allons,
Bravant, de l'aube au soir, la neige, le tonnerre,
Et la fureur des aquilons.
Par le sentier étroit qui monte aux cimes blanches,
Nous dirigeons les pèlerins ;
A la voix des torrents, au bruit des avalanches,
Nous mêlons nos joyeux refrains.

La voici revenue
L'heure que nous aimons :

L'aube argente la nue
Et les glaciers des monts.

Entre tous les climats, aimons notre patrie :
La France a de plus doux hivers;
L'Italie à nos yeux montre, toute fleurie,
Ses villas dans des champs plus verts.
Mais qu'importent à nous ces riantes campagnes,
Qu'importent ces brillants palais?
Mieux valent, mes amis, la rose des montagnes
Et la fille de nos chalets.

La voici revenue
L'heure que nous aimons :
L'aube argente la nue
Et les glaciers des monts.

Sur les bords escarpés de la moraine ardue,
Rivage aux voyageurs fatal,
La course des chamois s'arrête suspendue,
Au dessus des fours à cristal.
Suivons, suivons leur trace, et qu'un ange propice
Parcoure avec nous ces sommets;
Car celui qui descend au fond du précipice,
Hélas! n'en remonte jamais.

A ces mots, Maria interrompit la ronde et poussa un profond soupir. « Tu as peur? » lui crièrent les guides. « Non, non, répondit-elle, en cherchant à » cacher son trouble et en se rapprochant de Fras-

» sera, je songeais à ma mère. » Les guides reprirent le refrain :

La voici revenue
L'heure que nous aimons :
L'aube argente la nue
Et les glaciers des monts.

Une heure s'était écoulée depuis qu'on était entré dans la grotte. Michel Terras chargea l'échelle sur ses épaules, et on se remit gaiement en route ; une demi-heure après on arrivait au glacier des Bossons. Des bords de ce glacier à la cime du Mont-Blanc on ne rencontre plus que pentes, contre-pentes et plateaux couverts de neige. Les plateaux sont hérissés de pics, de dômes, d'obélisques de glace, et coupés de distance en distance par d'énormes crevasses dont l'œil craint de mesurer la profondeur. Des ponts traversent ces abîmes, quelquefois solides, endurcis par l'intensité du froid, quelquefois fondant aux rayons du soleil. Vers l'extrémité des plateaux des avalanches se forment, roulent, grossissent et descendent dans la vallée entraînant les moraines et fauchant les grands arbres, avec le bruit du tonnerre. Et puis c'est le silence, silence terrible, silence de mort dans une nature en deuil. L'homme ne trouverait, ni dans son organisation physique ni dans l'énergie de son âme, assez de forces pour franchir ce désert, si quelques rochers en saillie ne lui offraient cà et là, sur leur tête grise et applatie, un abri de quelques heures contre des dangers sans cesse renaissants.

Les guides mirent leurs crampons, Maria imita leur exemple et la caravane s'élança sur le glacier, en prenant la direction indiquée par Jacques Balmat. Pendant la première heure de marche on ne rencontra aucun obstacle sérieux; Jacques Balmat était glorieux d'avoir découvert cette nouvelle route et recevait les félicitations de ses compagnons; mais les pentes finirent par devenir plus rudes, les contre-pentes plus périlleuses. Des lacs aux eaux bleues, des séracs, blocs de glace de forme cubique d'où tombaient en cascade des filets d'eau d'un vert éclatant, commençaient à se montrer et obligeaient à de continuels détours; jusque là on avait franchi les crevasses d'un seul bond en prenant simplement la précaution de placer les bâtons sous les bras pour que leurs deux bouts portassent, en cas d'accident, sur les bords du précipice, mais cette précaution devenait insuffisante; les crevasses s'élargissaient, et de temps en temps il fallait improviser un pont fragile et vermoulu avec l'échelle que l'on avait emportée de la Pierre-de-Fontanet. On reconnut que la route que l'on suivait présentait déjà les mêmes obstacles que la route ordinaire; le visage de Jacques Balmat se rembrunit et il hésita; cependant on avait devant soi les rochers des Grands-Mulets; il semblait qu'en une demi-heure on pourrait se reposer sur leur crête : on se rapprocha, on délibéra. Fallait-il pousser à bout cette tentative ou fallait-il retourner sur ses pas? en ce moment une voix entonna le refrain :

La voici revenue
L'heure que nous aimons :

L'aube argente la nue
Et les glaciers des monts.

C'était la voix de Maria ; la jeune fille s'était remise en marche poussant droit vers les rochers ; sa témérité confondit les guides et son exemple fit cesser les irrésolutions.

La route devint affreuse, Jacques Balmat marchait le premier se servant à chaque pas de son bâton comme d'une sonde ; on parvint sur un plateau où la neige amoncelée cachait l'orifice des précipices. Les guides et Maria se lièrent les uns aux autres avec la corde que Foligné avait apportée, et l'on marcha ainsi, Jacques Balmat toujours en tête, toujours interrogeant les dangers. Maria était attachée entre Victor Terras et Frassera ; sa sécurité était si parfaite et sa gaîté contrastait tellement avec l'horreur de la scène à laquelle elle assistait, que l'on se demandait s'il n'y avait pas quelque vertige dans l'esprit de la jeune fille. Tout à coup la neige rompt sous ses pieds au milieu d'une crevasse et elle reste suspendue entre ses deux compagnons! elle ne poussa que ce cri : « Mon Dieu ! recevez-moi. » Aussitôt Jacques Balmat quitte le front de la ligne et vient jeter l'échelle à côté d'elle ; Victor Terras et Frassera font un effort et la soulèvent : elle achève sur l'échelle le fatal trajet, et arrivée sur l'autre bord, elle se contente de dire froidement : « Merci, mes maîtres, mais autant valait ici qu'ailleurs. » Les guides avaient pâli, en l'entendant ils se dirent tout bas les uns aux autres : « Nous ne nous étions pas trompés, elle est folle. » Non, Maria n'était point folle ;

ce qu'elle allait chercher sur le Mont-Blanc, elle, l'amante de Jacques, la fille de Claudine, ce n'étaient ni les satifactions de l'amour-propre, ni les contentements de la curiosité, c'était la mort. Entre elle et le suicide il y avait le souvenir d'une mère, mais entre elle et les périls qui tuent il lui semblait qu'il n'y avait rien.

Le plateau fut franchi avec des fatigues inouïes, mais Jacques Balmat s'arrêta et s'écria avec l'accent du désespoir : « Mes amis, impossible ! impossible ! « voyez vous-mêmes. » La route était barrée par une nouvelle crevasse dont l'échelle ne pouvait atteindre en même temps les deux bords. Ce précipice s'avançait de la base du pic de Tacul et s'éloignait dans la direction du glacier de Taconnay ; l'œil ne pouvait en mesurer la longueur ; tantôt il disparaissait derrière des séracs, tantôt ils reparaissait sur la surface unie, toujours terrible et menaçant. On n'affronte pas de pareils dangers parce qu'ils sont insurmontables, et il fallut se résoudre à retourner au bord du glacier des Bossons. La montagne de la Côte pouvait bien offrir un asile plus rapproché, mais nul n'avait le courage de tenter encore des routes inconnues dans cet épouvantable désert.

Jacques Balmat paraissait inconsolable et cependant ses compagnons ne murmuraient pas ; il était nuit quand on arriva au point d'où l'on était parti vers le milieu de la journée. Tout l'espace qu'on avait franchi depuis lors, tous les dangers qu'on avait courus l'avaient été en pure perte. Les guides s'établirent sur les débris d'une avalanche, Maria se plaça sur un rocher à quelques pas loin d'eux ; on ouvrit de nouveau les sacs de provisions. La nuit était belle, la lune brillait au milieu d'un ciel d'ébène; la lumière, réverbérée par l'océan des neiges, était si éblouissante que l'on ne pouvait distinguer que les étoiles de la première et de la seconde grandeur. Dessain s'étendit sur le dos, Foligné en fit autant, la tête appuyée sur le ventre de Dessain; Michel Terras prit la même position entre les jambes et sur le ventre de Foligné, et successivement tous les guides se couchèrent entrelacés les uns aux autres et se réchauffant mutuellement. Ceux qui formaient les extrémités de la chaîne, ressentant plus vivement l'intensité du froid, étaient d'heure en heure remplacés par ceux qui en occupaient le milieu; ils dormirent, mais leur sommeil, vingt fois interrompu et toujours accompagné de sinistres visions, ne fut que l'ombre du repos. Maria s'était fait une couverture du sac de quelques-uns de ses compagnons : de terribles pensées l'agitèrent, elle était venue chercher la mort dans cette sauvage région, pourquoi la mort n'avait-elle pas saisi sa proie quand elle était suspendue sur le précipice?....... mais peut-être le lendemain abandonnerait-on son cadavre dans un suaire de neige!...... et elle souriait à cette espérance comme un agonisant sourirait à l'idée d'une résurrection.

A cinq heures du matin on quitta de nouveau le bord du glacier en se dirigeant à gauche par la route ordinaire: on rencontra une partie des difficultés que l'on avait déjà rencontrées la veille; mais elles étaient prévues et n'étonnèrent ni ne découragèrent personne. Des obstacles impossibles à vaincre ne se présentèrent plus, et nul funeste accident ne ralentit la marche. A huit heures la caravane occupait une petite plate-forme qui se trouve à vingt pieds au dessous des Grands-Mulets ; un mur de glace presque à pic semble défendre l'accès du sommet de ces deux pyramides de granit ; on pouvait le contourner en faisant un long détour, mais les deux fils de Balmat, Michel Terras et Frassera, l'attaquèrent à coup de hache, des entailles y tracèrent un chemin et l'on monta par un périlleux escalier. Jacques Balmat s'écria deux fois avec l'accent de la douleur : « Mes amis, nous devrions être ici depuis hier ! »

Le spectacle que l'on découvre des Grands-Mulets est magnifique : au nord, la vue s'étend sur la vallée de Chamounix, le Breven, les Aiguilles-Rouges, le Buet, et au loin sur le lac de Genève que l'on prendrait à cette distance pour un petit bassin ; la chaîne du Jura ferme l'horizon ; à l'ouest, on aperçoit l'aiguille de Varens, les rochers des Fiz et les montagnes qui longent la vallée de Sallenche. l'Aiguille du midi s'élance à l'est ; au sud l'on est dominé par le dôme du Goûté et la cime du Mont-Blanc.

On déjeûna ; Foligné redit un couplet de la Ronde des Guides et l'on entra sur le glacier de Taconnay en prenant la direction du dôme du Goûté. Les dangers de la route diminuaient, mais les fatigues augmentaient : c'est à cette hauteur que l'on commence à sentir les effets d'un air plus raréfié. La caravane éprouva un besoin subit de sommeil, la soif devint ardente, la respiration précipitée et pénible, le pouls accéléré : « Du courage, mes amis, s'écria Jacques » Balmat dont l'énergie se ranimait en approchant » du but, j'ai passé là avec le docteur Paccard et » j'en suis revenu. Oh! pour cette fois je connais

» bien mon chemin. » On gravit successivement en zig-zag, et en s'arrêtant quelquefois pour reprendre haleine, trois rampes de neige durcie, couronnées par des plates-formes qu'on nomme le Petit-Plateau, le Second-Plateau et le Grand-Plateau. Le grand plateau, plaine de glace de deux lieues environ de longueur, est terminé par une masse de rochers rouges ; il est souvent balayé par les avalanches, et depuis l'époque dont nous parlons trois guides y ont trouvé la mort. Quelques instants de repos étaient devenus indispensables ; on fit halte, et pour se désaltérer on mêla du jus de citron à un peu d'eau recueillie dans une crevasse; Maria et quelques guides s'étaient assis : « Levez-vous, leur dit vivement » Jacques Balmat, si vous vous endormiez nous ne » vous ramènerions plus au Prieuré ; » les guides obéirent, Maria seule ne bougeait pas. Frassera s'approcha d'elle, et la força de suivre la troupe qui s'était remise en route pour gagner les Rochers-Rouges. Quand on eut dépassé ces rochers, on entra dans une petite vallée de neige ; alors Maria s'arrêta tout à coup brisée par la fatigue et succombant au sommeil : « Laissez-moi ici, dit-elle à Frassera, je « vous attendrai, maître, laissez-moi. — Non pas, » non pas, répondit Frassera; vois-tu ces rochers à » deux pas de nous, ce sont les Petits-Mulets; de ces » rochers à la cime du Mont-Blanc il n'y a plus qu'un » mur de glace, et tu ne seras pas venue jusqu'ici » pour que je te laisse mourir en chemin; » et il lui fit encore violence. Elle se traîna jusqu'aux Petits-Mulets soutenue par Frassera et chancelant à chaque pas; mais parvenue sur cette éminence elle tomba en s'écriant d'une voix étouffée : « La soif

« me tue, maître, je brûle. » Frassera la secoua violemment et lui présenta sa gourde; elle la repoussa et ses yeux se fermèrent; tous les guides se pressèrent alors autour d'elle, ils échangèrent entre eux quelques mots, et pleins d'admiration pour le courage qu'elle avait déployé jusqu'alors, ils levèrent la main en jurant qu'elle serait la première femme qui aurait foulé la cime du Mont-Blanc. Aussitôt ils l'enlèvent dans leurs bras, versent dans sa bouche quelques gouttes d'eau, et gravissant avec des efforts inouïs la dernière pente de glace, ils vont la déposer sur le plateau le plus élevé de l'Europe. En ce moment, la vallée de Chamounix était toute en émoi. A l'aide de télescopes et de lunettes d'approche, on venait d'apercevoir la caravane arrivant à sa destination.

La cime du Mont-Blanc forme une arète de deux cents pas environ de longueur, à peu près horizontale dans sa partie la plus saillante, se dirigeant de l'est à l'ouest, et descendant à ses deux extrémités sous des angles de vingt-huit à trente degrés. Etroite et presque tranchante au sommet, elle s'arrondit du côté de l'est, et prend du côté de l'ouest la forme d'un avant-toit. La neige qui couvre sa surface est recouverte d'un vernis de glace. Sa consistance est ferme; il faut un bras vigoureux pour y enfoncer une pointe de fer. Quand l'air est calme et transparent, l'œil plonge sur les crêtes du Jura, des Alpes suisses, des Alpes matitimes, des Apennins; sur les plaines de la France et de la Lombardie. Mais si des amas de vapeurs, flottant sur les vallées d'alentour, dérobent aux regards les objets éloignés, on est encore confondu d'étonnement en voyant à ses pieds ces cimes majestueuses, ces redoutables aiguilles du Midi, d'Argentières et du Géant dont la base même est d'un accès si difficile et si dangereux. C'est en vain que l'on chercherait dans le vieux continent un tableau plus large dans ses proportions et plus sublime dans ses effets.

Cependant Maria venait d'entr'ouvrir les yeux. Secouant sa léthargie, elle se releva en poussant un cri d'admiration. Les terribles sensations, qui l'accablaient depuis si longtemps, s'effacèrent tout à coup devant la grandeur du spectacle que la nature déployait à ses regards. Saisie d'une émotion profonde, elle ne détacha ses yeux de la terre que pour les élever vers le ciel. Les guides s'assirent en rond, se communiquèrent leurs sensations, puis ils s'excitèrent à manger la viande rôtie qui n'avait pas encore été entamée, et voulurent que Maria fît comme eux. Mais sa poitrine était comprimée. L'appétit avait disparu, aucun ne fut capable de prendre la moindre nourriture.

On était arrivé à quatre heures. Au bout de vingt minutes, Jacques Balmat donna le signal du départ. On descendit à la *ramasse* la plupart de ces murs de glace qu'on avait eu tant de peine à gravir. Le soir, on alla coucher aux Grands-Mulets ; et le lendemain, à une heure après midi, on avait déjà dépassé le village de Favrans.

A peine la caravane parut-elle dans la vallée que la cloche du Prieuré se mit en branle. Des coups de fusil furent tirés en signe de joie ; la population tout entière accourut à la rencontre des voyageurs, et les étrangers se groupèrent sur le pont de l'Arve pour voir défiler le cortége. Des fiancées rayonnaient de bonheur, des mères pleuraient d'attendrissement, des épouses portaient leurs enfants dans leurs bras ; toutes se pressaient sur les pas des guides, fières et triomphantes comme eux. Maria était l'objet de l'attention générale. On s'approchait d'aussi près que l'on pouvait, on l'accablait de questions, on recueillait avec avidité chacune de ses réponses. Quand on entra dans le Prieuré, les guides se rangèrent sur deux lignes, et un vieillard à cheveux blancs, vêtu de ses habits de fête, vint se placer en face de Maria. Il ouvrit un grand registre et lut ces mots d'une voix solennelle : « Moi, chef des guides de la vallée » de Chamounix, déclare et atteste que Maria Pa- » radis, native de la paroisse des Ouches, fille de » Simon Paradis et de Claudine Frangère, a fait ce » que nulle femme n'avait fait avant elle, ce que nul » homme ne croyait que femme pût faire. Dans la » journée d'hier, 14 juillet, 1809, en compagnie de » Jacques Balmat et de ses deux fils, de Victor Ter- » ras, Michel Terras, Claude Frassera, Victor Des- » sain et Joseph Foligué, elle a atteint la cime du » Mont-Blanc. Pourquoi je dis qu'elle est forte entre » les forts, et que son nom vivra tant qu'il y aura » des habitants dans cette vallée. »

Et il signa.

Et les huit guides signèrent après lui.

Et Maria fit une croix à la suite de tous les noms.

Quand elle était partie, on avait crié : Vive Maria Paradis ! et maintenant on n'entendait plus retentir que ces mots : Vive Maria du Mont-Blanc ? Le soir son long bâton ferré fut vendu trois pièces d'or à un étranger.

Une grande révolution s'était opérée dans l'esprit

de cette jeune fille lorsque, sortant de sa léthargie, elle s'était trouvée sur la cime du Mont-Blanc. Une voix intérieure avait semblé lui dire que le ciel lui commandait de vivre, puisqu'il l'avait arrachée aux terribles dangers qu'elle venait de courir. Aussi, dès ce moment, la sagesse de ses discours contrasta sensiblement avec l'exaltation dont elle avait donné tant de marques pendant le temps de l'ascension. Rendue au Prieuré, elle sentit le besoin d'être seule pour remercier Dieu, et, quand elle put se retirer dans sa chambre, elle retrouva la prière et les larmes, ces deux grands soulagements de l'âme, qu'elle ne connaissait plus depuis son entrée chez Frassera. L'idée de la mort s'éloigna tout à fait d'elle pour faire place à la résignation et au repentir. Trois jours après, elle quitta le Prieuré et alla habiter le chalet des Ouches où elle était née, où Claudine était morte. Le vieux curé la revit avec une douce émotion, et ses conseils achevèrent l'ouvrage que la foi avait commencé.

En 1838, une femme d'une volonté forte et d'un caractère ardent, madame d'Angeville partit de Paris et se rendit au Prieuré. Elle assembla des guides, sema de l'or, et parvint aussi à la cime du Mont-Blanc. De retour de l'ascension, elle envoya chercher Maria et la fit asseoir à sa table. Le repas fini, elle s'approcha d'elle et lui parla ainsi en lui tendant la main : « Maria, votre exemple m'a entraînée sur la cime du Mont-Blanc. Je connais maintenant tous les périls de cette ascension, et j'admire d'autant plus votre courage. Pour vous en donner la preuve, je vous accorde huit cents francs de pension viagère. — Voici le premier semestre. Je chargerai mon banquier de Genève de vous compter les suivants....... Souvenez-vous quelquefois de moi. »

La mort ne permit pas à Maria Paradis de toucher le second semestre de sa pension. Deux mois après le départ de madame d'Angeville, le vieux curé des Ouches jetait l'eau bénite sur la dépouille mortelle de l'intrépide savoisienne.

CHAPITRE XV.

Départ du Prieuré — Cascade de Barberine — Passage de la Tête-Noire — Hôtel de la Couronne.

Nous partîmes du Prieuré au lever du jour. Notre nouveau guide, Michel Terras, se distinguait par une certaine instruction et beaucoup de complaisance. Nos mulets n'étaient pas trop efflanqués, et celui de ma femme aurait dévoré la route, si Terras n'eût modéré son ardeur. Nous marchions au bruit des avalanches qui se précipitaient avec un bruit éclatant et lugubre de l'autre côté de la vallée. Les premières lueurs du jour éclairaient d'une teinte pâle et douteuse ces trois étages superposés de forêts, de rochers et de neiges qui forment la chaîne du Mont-

Blanc. Les ombres s'effaçaient par degrés. Les vapeurs légères s'élevaient, s'étendaient, se dissolvaient au contact de la lumière. Le blanc mat des neiges éternelles se changeait en pourpre. Les pics surgissaient de la crête des montagnes ; les aspérités des rochers se détachaient des masses : c'était le mouvement dans l'immobilité, la vie dans les régions de la mort. Il faut parcourir la vallée de Chamounix au lever du jour pour voir la décoration la plus fantastique qu'il soit possible d'imaginer.

Nous étions en vue du hameau des Prés, quand nous atteignîmes deux femmes qui voyageaient à pied, leur bagage sur le dos. Leur costume dépourvu d'originalité n'annonçait ni l'aisance ni la pauvreté ; il eût été difficile de deviner à quelle classe elles pouvaient appartenir, et nous les dépassâmes en échangeant un léger salut. On verra plus tard quelle espèce de pèlerinage elles allaient accomplir.

On a pu voir dans l'histoire de Maria Paradis la description de la route du Prieuré à la Chapelle des Tines. Au delà de la Chapelle, cette route suit un défilé qui débouche sur la prairie et le hameau des Isles, et se dirige ensuite vers Argentières, en côtoyant la base des Aiguilles-Rouges. Le bourg d'Argentières doit son nom à des mines d'argent que la tradition prétend y avoir été exploitées. Accroupi au fond de la vallée, encaissé, pour ainsi dire, entre les montagnes et les glaciers, il a été plusieurs fois ravagé par les ouragans, les inondations et les avalanches. Les anciens du pays citent encore avec effroi les désastres de 1784 qui le menacèrent d'une complète destruction. On y a établi un poste de douaniers. Ces braves gens n'ont guère d'autre occupation que de visiter le petit bagage des voyageurs et quelques corbeilles de fruits que les femmes du Bas-Valais vont vendre au Prieuré. A une très-faible distance du bourg, le touriste qui se rend à Martigny a le choix entre deux routes : l'une oblique à droite et va gravir le col de Balme ; l'autre tourne brusquement à gauche et passe par la vallée de Valorsine, la gorge de la Tête-Noire et le col de la Forclaz. Le col de Balme nous promettait un beau point de vue sur le Mont-Blanc : la gorge de la Tête-Noire, de sublimes horreurs. Nous optâmes pour les sublimes horreurs, parce que nous avions déjà contemplé le Mont-Blanc sous divers aspects. Nous prîmes donc le chemin qui tourne brusquement à gauche et nous voilà gravissant un défilé inculte et sauvage appelé les Montets. Vers le milieu de la côte, Michel Terras nous engagea à faire halte, pour admirer le payage que nous laissions derrière nous. Le glacier d'Argentières étalait toute sa magnificence ; nous le voyions entre l'Aiguille du même nom et celle du Tour s'avancer des hauteurs inaccessibles, comme une écharpe d'argent ridée par le souffle de la brise ; se dérouler d'abord du midi à l'est, puis, retournant à l'ouest, étreindre de ses replis la montagne du Draconnet et descendre vers la vallée à travers des massifs de verdure. Au dessus de la montagne du Draconnet, se dressaient l'Aiguille-Verte, l'Aiguille-du-Dru, l'Aiguille-des-Charmoz : à droite, sur le dernier plan du tableau, l'Aiguille-de-Grepon et celle de Blaittière ressemblaient à deux pilastres de diamants légèrement effilés au sommet et sculptés par la nature, pour servir d'appui à la coupole du Mont-Blanc. Nous ne pouvions nous rassasier de ce tableau : mais

Michel Terras ne voulut pas épuiser notre admiration, car il avait bien d'autres merveilles à faire passer sous nos yeux dans le courant de la journée, et nous nous remîmes en route, à son commandement. Quand nous eûmes dépassé un hameau nommé Trelechant, et atteint le sommet de la côte, il nous fit remarquer que les eaux se partageaient. En effet, nous vîmes les unes se diriger au nord, les autres au midi ; celles-ci allaient chercher l'Arve, celles-là le Rhône, se donnant toutes rendez-vous dans le lac de Genève. Un peu plus loin, près des chalets de la Poya, la vallée de Bérard, d'où s'échappe le torrent de l'Eau-Noire, s'ouvrit à notre gauche et nous montra dans le fond la cime neigeuse du Mont-Buet, semblable au faîte d'un toit légèrement incliné. Les grands blocs de granit veiné roulés du haut des montagnes avaient marqué la route, depuis notre entrée dans le défilé des Montets. Dès que nous prîmes la descente, la nature commença à changer d'aspect. Sombre et triste jusque-là, le paysage devint bientôt doux et riant. Nous entrâmes dans la vallée de Valorsine, suivant l'Eau-Noire, traversant des bosquets de mélèzes, des prairies émaillées de fleurs, et des champs cultivés, parsemés de maisons de bois.

Valorsine est le dernier village de la Savoie du côté du Valais. On l'aperçoit, à cinquante pas loin de la route, sur la base d'une montagne de granit. Un rempart en maçonnerie, semblable à une contregarde, met son église à l'abri des avalanches. Il est à peu près impossible qu'un jour ce bourg ne soit pas englouti tout entier sous les masses de rochers qui le dominent. Nous remarquâmes un rideau de mélèzes qui se déploie en face de Valorsine du côté opposé de la vallée. Ce sont bien les arbres les plus beaux, les plus vigoureux que l'on puisse voir. Nous nous assîmes quelques instants sur le bord du chemin, les yeux tournés vers le clocher de l'église et nous songeâmes à Maria.

Il n'y a qu'un quart-d'heure de Valorsine au hameau de Barberine. Le site de Barberine dont les descriptions de la Savoie parlent à peine, est pourtant des plus pittoresques. La route est tracée à droite de la vallée entre la montagne du Gros-Perron et le torrent de l'Eau-Noire. Au delà de l'Eau-Noire, s'ouvre une autre vallée de forme triangulaire ; sa base s'appuie sur le torrent : une cascade bruit à son sommet. De la cascade au torrent, le sol légèrement ondulé s'incline en pente insensible, tapissé de verdure, coupé par une infinité de ruisseaux. Il y a çà et là des berceaux de coudriers, des buissons chargés de framboises, des touffes de groseilliers dont les fruits rouges pendent sur la pelouse comme des grains de corail. Douze à quinze chalets qui forment le hameau se dessinent sur la partie inférieure du versant. On croirait qu'un peintre a mesuré l'espace qui les sépare et leur a assigné la position qu'ils occupent, tant il y a de grâce et de coquetterie dans leur arrangement. Deux autres chalets occupent la partie supérieure de la vallée, à deux cents pas environ de la cascade. On y monte par un petit sentier qui serpente entre une double haie d'aulnes et de sapins entremêlés d'arbustes. La croupe des montagnes latérales laisse voir quelques-uns de ces greniers nommés *regards* dans les Alpes, construits avec d'épais madriers de mélèzes et soutenus à deux ou trois pieds au dessus du sol par des piliers couronnés de pierres plates.

Nous laissâmes nos mulets au hameau et prîmes le sentier qui conduit aux deux chalets, et de là à la cascade. La chaleur était insupportable ; nous étouffions à l'ombre même des sapins. Deux fois nous fûmes tentés de renoncer à notre excursion. Mais Terras nous avait tant vanté la cascade ! Nous nous assîmes sous des coudriers ; des groseilles et des framboises servirent à nous désaltérer et nous reprîmes courage. Arrivés à la porte des chalets, nos forces nous trahirent de nouveau. Nous étions haletants, inondés de sueur, et notre pouls battait avec la violence de la fièvre. Nous tombâmes sur le gazon. Notre accablement était tel, qu'il nous semblait que nous ne pourrions nous relever jamais. Terras pensa qu'il n'y avait plus lieu de nous tenir au régime de la groseille et de la framboise : il nous présenta sa gourde d'eau-de-vie. Une demi-heure de repos et l'assurance que le reste du trajet à faire pour arriver à l'angle de la vallée n'était ni long ni pénible, ranimèrent notre ardeur. Nous recommençâmes à gravir le sentier lentement, sous une voûte d'aulnes. Sa pente était moins rapide ; ses sinuosités moins fréquentes. Terras ne nous avait pas trompés. Le bruit de la cascade retentit enfin à notre oreille. Dès ce moment, nous ne sentîmes plus la fatigue et nous poussâmes tout d'une haleine jusqu'au but. Nous fûmes émerveillés à l'aspect de cette masse d'eau tombant de cent mètres de hauteur dans un bassin creusé par la violence de sa chute. Elle se précipitait compacte, étincelante aux rayons du soleil, semblable à une gigantesque colonne de cristal, d'émeraudes et de rubis; reflétant sur les parois de la roche une écharpe radieuse nuancée des couleurs de l'arc-en-ciel. Son écume rebondissait du fond du bassin et s'élevait au dessus de ses bords comme un nuage de vapeurs blanchâtres. J'ai vu en Suisse les cascades de Pissevache, de la Staubach et de Griessebach. Celle de Pissevache est majestueuse ; celle de Staubach élégante; celle de Griessebach coquette. Quant à celle de Barberine, rien ne peut donner une idée de sa force, de sa violence et de sa fureur. On dirait qu'elle fond sur une proie cachée dans les entrailles de la terre. On lui donnerait une volonté, une âme, une vie, tant il semble qu'il y a de colère et de rage dans sa chute. Un petit aulne isolé se penche vers le gouffre au milieu du nuage d'écume. La nature prévoyante l'a placé là, pour venir en aide à la curiosité du voyageur. Nous l'enlaçâmes tour à tour de nos deux bras et demeurâmes quelques instants suspendus avec lui au dessus de l'abîme que nous considérions avec effroi. C'était un saisissant spectacle ; il ne peut être donné ni à la plume, ni au pinceau de peindre ces sublimes horreurs de la nature. Des mots et des couleurs ne sauraient rendre ni les convulsions du torrent déchaîné contre son lit de granit, se tordant de mille manières et se ruant sur les parois de sa prison ; ni les cris de douleur qu'il fait entendre quand s'échappant entre deux angles de rochers qui se rapprochent, il s'amincit pour se relever ensuite presqu'à fleur de terre et retomber enfin dans un lit profond comme le gouffre d'où il est sorti avec tant d'efforts.

De retour à Barberine, les petits enfants, filles et garçons, formèrent cercle autour de nous ; ils étaient joufflus, vermeils à humilier les enfants de nos villes.

Les femmes nous apportèrent du lait, mais nous ne vîmes pas un homme, pas un seul. L'hiver les ramènera au hameau, et quelques pièces d'argent gagnées sur la terre étrangère porteront dans leurs familles une abondance que le paysan de nos campagnes prendrait pour de la misère. Pourquoi la cascade que nous venons d'admirer, n'est-elle pas à trente lieues de Paris? Les paysans de Barberine ne bougeraient pas de chez eux, et l'or de la grande ville viendrait les chercher dans leurs chalets.

En remontant sur nos mulets, nous revîmes les eaux de la cascade qui retombant de gradins en gradins vont grossir l'Eau Noire. Nous dépassâmes bientôt la vallée transversale que nous venions de parcourir. Le rouge-gorge chantait sur les buissons, le pinson dans les mélèzes. La montagne du Gros-Perron dont nous côtoyions de nouveau la base, nous garantissait des rayons du soleil. Nous causions gaiement avec Michel Terras. Jusqu'à présent la Savoie nous avait étalé ses merveilles : la Suisse allait nous montrer les siennes. Cette porte cintrée ouverte dans cette vieille muraille, sépare une monarchie d'une république. Encore un moment et nous serons dans le canton du Valais. Ici les souverains de l'Helvétie, à quelques pas les sujets du roi de Sardaigne. Je doute pourtant, que l'habitant de Barberine eût souhaité d'autres limites. Il est monarchiste à si peu de frais! Le gouverneur de Chambéry s'occupe si peu de lui, et lui si peu du gouverneur de Chambéry! Sa petite vallée transversalé est une sorte de terre neutre que ne foule jamais le plus petit agent du roi, même le débonnaire douanier d'Argentières. Il est libre comme l'air, et tout souverain de l'Helvétie n'a pas le même avantage. Demandez par exemple au citoyen de Neufchâtel, dont la liberté dépend du bon plaisir de Sa Majesté le roi de Prusse.

Tout en causant, nous venons de franchir la porte cintrée. Nous voici en pleine Suisse. La montagne du Bel-Oiseau que nous avons à notre gauche se rapproche incessamment de celle du Gros-Perron. Entre la base de l'une et de l'autre, il n'y aura bientôt plus que la route et le torrent. La route mérite à peine ce nom tant elle est dégradée. Le torrent gronde encaissé entre deux murs de rochers. Nous entrons dans un site effrayant. Nous nous ouvrons pour ainsi dire un passage à travers les sapins séculaires. Leur verdure épaissit l'ombre des montagnes. Le mystère et l'obscurité enveloppent le défilé. Sur les flancs du Gros-Perron, ce ne sont que larges coupures ; cavernes qui se forment sous les rochers mélangés de quartz et de calcaire qui surplombent ; sapins tombés de vieillesse, dont les cadavres décharnés se suspendent en croix aux branches d'autres sapins comme des vergues aux mâts d'un vaisseau ; blocs de pierre noire lancés par l'avalanche, puis arrêtés dans leur chute par quelque tronc d'arbre, et toujours prêts à fondre sur la tête du voyageur. Sur la montagne du Bel-Oiseau même spectacle, mêmes horreurs. Sur les bords du torrent, encore des cadavres de sapins ; les uns baignant leur tête dans les eaux, les autres formant des ponts branlants dont le pâtre ose affronter la fragilité. L'air manque dans cet étroit passage comme la lumière. La poitrine se sent oppressée : une inquiétude vague s'empare de l'esprit. On tourne ses regards de tous côtés, mais en vain, pour chercher un coin de paysage moins lugubre. Lorsqu'après avoir marché longtemps, nous vîmes les deux montagnes s'éloigner un peu l'une de l'autre, quelques rayons de soleil plonger sur la route à travers le feuillage, et un groupe de chalets pendre sur la pente rapide du Bel-Oiseau, nous nous sentîmes soulagés; nous commençâmes à respirer comme si nous venions d'échapper à quelque grand danger. Mais nous n'étions pas au bout de nos émotions. Nous quittons la base du Gros-Perron. Nous prenons la route en corniche taillée sur les flancs de la montagne de la Tête-Noire. Nous traversons une galerie percée au travers d'un saillant de rocher, et nous revoyons l'Eau-Noire qui coule de cataracte en cataracte dans un lit d'une profondeur de 350 mètres. Un écart de nos mulets, et ils nous brisent contre les rochers à pic qui bordent la droite du chemin ; ou bien, en nous portant à gauche, ils nous lancent dans l'éternité ! Il faut débuter en Suisse par le passage de la Tête-Noire. Après cela il n'y a plus rien d'effrayant.

Au temps jadis, on avait planté sur le bord de ce précipice une palissade. Aujourd'hui il n'en reste plus que des traces. Quand j'irai à Sion, capitale du Valais, je ne manquerai pas d'en porter plainte à l'avoyer.

Nous suivîmes, pendant plus d'une demi-heure, les bords de l'affreux précipice : quand nos regards se hasardaient à en sonder la profondeur, le torrent ne nous apparaissait que comme un faible ruisseau, et nous ne distinguions les troupeaux qui paissaient sur ses rives qu'au léger mouvement qui les détachait des rochers et de la verdure. Le bruit des cataractes ne montait pas jusqu'à nous : le silence nous environnait, plus triste que le mugissement des cascades et la voix des tempêtes. Nous mîmes enfin pied à terre au seuil d'une petite maison isolée bâtie contre un rocher vertical, à la gauche du chemin. C'est à peine si j'ose la nommer auberge de la Tête Noire; lisez cependant son enseigne, vous y verrez: *Hôtel de la Couronne*. Nous n'espérions pas y trouver un bon dîner, mais celui qu'on servit surpassa encore notre attente; il était vraiment digne des horreurs du défilé que nous venions de traverser. Nos plaintes s'exhalaient quand nous vîmes entrer le jeune Anglais dont le mulet avait commis *un petit erreur* au Montanvert : le malheureux ne fut pas mieux traité que nous, il demandait cependant, en montrant de l'or, *une bouteille de vin de Champagne*. M. Scribe a dit que l'or est une chimère, j'en eus la preuve ce jour là.

CHAPITRE XVI.

La Forclaz — Trient — Martigny.

Nous nous remîmes en route avec le gentleman qui nous avait pris en affection. Un Anglais communicatif est une chose rare : le nôtre l'était pour tous ses compatriotes, et nous profitâmes volontiers de sa société. Le chemin tourna à droite ; nous nous enfonçâmes dans la vallée de Trient, au travers d'une magnifique forêt de sapins : c'est là que l'Eau Noire se jette dans la rivière de Trient. A mesure que nous avancions, le paysage perdait de son âpreté: les montagnes ne se rapprochaient plus au point de nous faire craindre d'être broyés entre deux masses de rochers; les précipices n'avaient plus une profondeur effrayante; des hameaux sur des plates-formes, des chalets sur des prairies, récréaient la vue. C'était bien encore un peu la Suisse que nous avions vue en sortant de la Savoie, mais avec un aspect moins sauvage et moins terrible.

Le village de Trient, qui donne son nom à la vallée et à la rivière, est un des plus isolés des Alpes : il est bâti dans le creux d'une vaste fosse formée de roches primitives, et n'a pour horizon que des montagnes hérissées de bois, de glaces et de rochers. On serait étonné que des hommes aient eu la pensée d'y établir leur demeure, si l'on ne voyait çà et là des bûcherons, les uns abattant les arbres des forêts, les autres lançant des billots dans la rivière qui se charge de les transporter sans frais jusqu'au Rhône, entre Martigny et St-Maurice, au travers des crevasses des montagnes. L'industrie trouve des ouvriers pour les mines de houille, souterrains affreux et terribles où la mort va souvent les frapper : comment le village de Trient n'en trouverait-il pas ? Destinée pour destinée, mieux vaut encore celle qui s'accomplit à la clarté du soleil.

A peine a-t-on dépassé les dernières maisons du village que l'on commence à monter pour franchir le col de la Forclaz ; il faut alors s'élever à plus de 1500 mètres au dessus du niveau de la mer. Le chemin qui serpente en zig-zag sur la montagne semblerait dangereux si l'on ne venait de passer la Tête-Noire ; lorsqu'on est arrivé à une certaine hauteur, on remarque des rochers d'une belle pierre de corne d'un gris verdâtre, et l'on peut faire ample moisson de plantes sous-alpines, telles que le *cor-*

duus eriophorus , l'*astrantia major* et la *gentiana lutea*.. Le sommet du col forme une gorge : on ne voit encore que prairies et forêts de mélèzes ; mais un peu plus bas la gorge se recourbe vers le nord, et les montagnes qui s'écartent ouvrent un magnifique aspect sur le Valais. Une large plaine se déroule aux pieds du voyageur dans une longueur de 7 à 8 lieues, bordée de tous côtés de hautes montagnes, les unes dans l'ombre , les autres resplendissantes des rayons du soleil. Le Rhône en descend pour porter ses flots turbulents au lac de Genève ; la route d'Italie la remonte en se dirigeant vers le Simplon et les îles Borromée. Au milieu des vergers, des prairies et des champs de vignes, on voit partout des habitations agglomérées; c'est Fully, au pied des rochers de Folaterra , qui s'appuyent sur la dent des Morelles ; Saillon, entouré de murs et de tours; Sasson , dominé par son église et adossé au mont de Pierre-à-Voie ; c'est Leytron , Riddes, St-Pierre et Vetroz ; Vetroz , dont les vignobles le disputent aux vins d'Espagne les plus généreux ; c'est Sion, capitale du Valais, avec ses remparts gothiques , et ses deux rochers qui s'élèvent comme deux énormes mamelons. Les montagnes de la Gemmi et du Grimsel ferment le fond de cette magnifique vallée ; elles s'arrondissent en demi-cercle , montent en amphithéâtre et étalent, dans un lointain vaporeux , leurs cimes couronnées de glaçons où le regard fuit et se perd.

Notre ami l'Anglais était dans le ravissement : à chaque instant il allongeait le bras pour nous désigner du doigt l'incident qui l'impressionnait , et il ne s'apercevait pas que nous descendions une côte rapide, espèce de ravine embarrassée de branches d'arbres et de pierres mouvantes, où il était indispensable de serrer les rênes de son mulet : mal lui en prit. Tout à coup sa monture fit un faux pas, trébucha et le lança dans une prairie de dix à douze pieds en contre-bas de la route. Nous volâmes à son secours en faisant un détour, et n'espérant plus le ramener que mort ou mourant : mais on a des moments heureux dans la vie. Il se releva sain et sauf, et aussi joyeux que nous étions épouvantés : « Ne » bougez pas, nous cria-t-il en nous voyant cou- » rir vers lui, pas besoin, content ! bien con- » tent ! » Je supposai que ce contentement avait pour cause l'insigne faveur que venait de lui accorder le ciel en permettant qu'il ne se cassât pas bras et jambes. Nullement : il se rapprocha de nous en sautillant, et nous présenta une page de ses tablettes, où nous lûmes cette phrase, écrite en fort mauvais Français : « Le 17 août 1823, Francis Nick, voya- » geant en Suisse, *tombat* de son mulet à la des- » cente de la Forclaz. » Ces mots ne disaient rien, ou peu de chose, mais il se hâta de nous en donner l'explication : « Francis Nick, être mon père à » moi, s'écria-t-il. — Moi enchanté de tomber au » même place que lui. — Lui, enchanté d'appren- » dre que John Nick son fils être tombé aussi. Moi » écrire vitement à London, vitement, vitement. » Et là dessus il fit une gambade, regagna lestement la route, enfourcha son mulet, qui n'avait pas bougé de place, et piqua des deux, au risque d'imiter son père une seconde fois. Parlez-moi d'un pareil bonheur !

La descente de la Forclaz dure environ quatre

heures. A mesure que l'on se rapproche de la plaine, la roche disparaît, la terre se couvre de gazon, la végétation acquiert une vigueur extraordinaire; vous commencez à marcher sous des sapins, puis sous des hêtres, puis enfin sous une voûte de poiriers qui s'élancent à mi-hauteur de noyers et de châtaigniers gigantesques. Sur l'un et l'autre bord de la route, les chalets se multiplient ; je ne dirai pas qu'ils sont chétifs et sales, ce serait leur faire encore trop d'honneur : ils sont hideux, la plupart ne se soutiennent que par miracle; il suffirait d'un souffle pour emporter leur toiture en ruines. Une bouffée du vent d'est, et nous aurions peut-être achevé notre voyage sous leurs décombres! le luxe de la nature contraste singulièrement avec la misère et la dégradation de ces cahutes. Là où la terre est féconde, l'homme doit faire tourner les largesses qu'elle lui prodigue au profit de son bien-être. L'abandon, l'insouciance de soi-même choquent la raison et attristent la pensée. On n'étudie pas les mœurs d'une contrée en traversant ses chemins. Je serais donc mal venu à parler de celles des habitants de cette partie du Valais : mais je suis bien persuadé que depuis des siècles ils n'ont pas marché d'un pas dans les voies de la civilisation.

Nous philosophions encore sur ce texte quand, à un léger détour du chemin, nous aperçûmes les deux femmes que nous avions, le matin, laissées en route à peu de distance du Prieuré ; elles avaient gagné les devants pendant notre excursion à la cascade de Barberine. Elles paraissaient moins fatiguées sur leurs jambes que nous sur nos mulets ; nous admirâmes cette force physique dans des corps qui paraissaient si frêles, si délicats, et le nouveau salut qne nous leur donnâmes se ressentit de cette impression ; mais cela n'était rien encore, et elles nous gardaient pour le surlendemain une bien autre surprise. Au revoir donc, mesdames, continuez votre Odyssée : nous la raconterons une autre fois.

Au pied de la descente on laisse à droite la rivière de la Dranse, la route qui conduit au grand Saint-Bernard, et l'on ne tarde pas à traverser Martigny-le-Bourg : un quart d'heure après on entre dans Martigny-la-Ville : nous allâmes descendre à l'hôtel de la Poste. J'étais brisé : moins heureuse encore, ma femme tremblait la fièvre. L'hôtel de la Poste nous sembla un palais, et nous prîmes la résolution d'y séjourner aussi longtemps qu'il le faudrait pour réparer nos forces.

Ma femme s'était à peine étendue dans son lit et moi sur un sopha, qu'un vacarme horrible se fit entendre. Poussé par la curiosité, j'ouvris ma porte et j'aperçus notre excentrique Anglais criant, gesticulant, frappant du pied à ébranler le plancher : depuis son arrivée à l'hôtel il n'avait cessé de demander aux garçons de l'encre, des plumes et du papier pour écrire vitement à London ; les garçons lui avaient répondu dix fois : « Tout de suite, monsieur ; » et l'encre, les plumes et le papier n'arrivaient pas. Je pris une vive part à son désespoir : — la cause en était méritoire : — et je me mis à crier, gesticuler et frapper du pied comme lui. Pour cette fois, aubergiste, cuisinier, garçons, marmitons, tout le monde arriva à la fois ; mais ni encre, ni papier, ni plumes encore. Je crus que notre ami allait en mourir de colère. La difficulté qu'il avait à s'exprimer en Français s'accroissant en raison même de son agitation et des efforts qu'il faisait pour exprimer son indignation en termes énergiques, l'aubergiste et le cuisinier ne pouvaient venir à bout de comprendre le motif de la querelle ; les garçons, qui ne songeaient plus à ce qu'il leur avait demandé, et les marmitons, fort peu patients de leur naturel, se croyaient insultés. Déjà on levait les poings de part et d'autre : on allait boxer d'importance ; je jetai à point, entre les deux camps, l'olivier de la paix. Une harangue brève et nette exposa les griefs de notre ami. L'aubergiste comprit et se confondit en excuses: les garçons furent morigénés, et apportèrent de l'encre, des plumes, du papier en quantité. La fameuse lettre fut faite, pliée, cachetée : huit grandes pages d'impressions de dégringolage à la descente de la Forclaz ! Je suis bien convaincu que le *Sun*, le *Times*, le *Morning-Herald* en ont orné leurs colonnes ; autant vaut cela pour la satisfaction de John Bull que le dénombrement des plats de tortue, des pâtés de foie d'oie et des pièces de Rosbeaf, qui figurent aux banquets du lord-maire. A huit heures, je retrouvai l'Anglais dans la salle à manger ; il y avait nombreuse société, hommes et femmes, gens de toutes les nations. J'étais triste, et je me bornai au rôle d'observateur : à la fin du repas, je posai en axiome qu'autour d'une table d'hôte un Français parle autant que deux Italiens, deux Italiens autant que quatre Allemands, quatre Allemands autant que vingt-quatre Anglais, notre aimable John Nick excepté.

La journée du lendemain fut longue. Martigny engendre l'ennui : il n'en était point ainsi autrefois. Cette ville passe pour être l'*Octodurus* de l'itinéraire d'Antonin, ou le *Vicus Veragrorum* de César. Ce qu'il y a de plus certain ; c'est qu'elle portait aussi le nom de *Forum Claudii*. Galba y avait établi un camp. Elle tenait le premier rang dans le Valais, dont les Romains avaient fait la vallée Pennine. Pendant l'été, ils préféraient aux campagnes de l'Italie cette merveilleuse succession de terrains qui présente, d'étages en étages, dans l'espace de quelques lieues, les productions des climats les plus opposés. Ils y cultivaient notamment la vigne, et la tradition porte qu'on leur doit les plants de la Marque et de Coquempin. Martigny avait alors son cirque, ses temples, ses palais, ses fêtes publiques et ses cérémonies religieuses. Bacchus y était honoré presque à l'égal de Jupiter, et je ne sais si le sénatus-consulte provoqué par Posthumius vint à bout d'y supprimer les bacchanales. J'y ai cherché quelque fragment de corniche, quelque fût de colonne qui me parlât de son ancienne splendeur. Peine inutile ! des inscriptions mutilées conservées dans une église, et deux bornes milliaires, voilà les seuls vestiges de son passé. La Dranse qui, une fois tous les siècles, s'établit dans ses rues et monte à la hauteur du faîte de ses maisons, la Dranse a probablement emporté dans le Rhône, et le Rhône dans le lac de Genève, les débris de ses monuments. Le christianisme en chassa les dieux païens. L'évêque de Sion y eut longtemps son siége, avec le titre d'évêque d'Octodurus. La ville actuelle n'est plus que l'ombre de la ville ancienne : point d'arbres sur sa large place publique ; nul bruit, nul mouvement dans ses rues presque désertes. Si la route du Simplon, celle du grand Saint-Bernard et les bains de Louesche ne forçaient pas les voyageurs à en troubler le silence, et quelquefois à y séjourner, il y aurait longtemps qu'elle serait morte de tristesse et d'inanition. Les villes ont leur destinée comme les empires, et combien d'empires ont duré moins qu'une vie humaine!

Je visitai la principale église, vaisseau à trois nefs dont les proportions ne manquent pas d'élégance. Les colonnes torses et les divers ornements du maître-autel et des chapelles sont peints en noir. Il en résulte un effet sombre et lugubre. On dirait une église décorée à toujours pour un service funèbre. Il en est de même au surplus de toutes les églises du Bas-Valais ; vous traversez d'abord un cimetière et vous croyez ensuite entrer dans un catafalque.

On voulut me conduire dans une vieille tour à demi-ruinée que j'avais aperçue en descendant le col de la Forclaz. Je remerciai. Vues de loin, les ruines sont admirables ; elles forment dans les scènes de la natnre un incident sérieux qui invite à la réflexion, comme les tombeaux que les Romains élevaient dans les bosquets de leurs maisons de plaisance, comme les idées de mort qu'Horace jette parfois à la fin d'une gracieuse épître. C'est la partie philosophique du paysage: il y a sympathie entre le voyageur qui passe et le monument qui s'écroule. De près, elles se ressemblent toutes : des débris et des décombres, des lézards qui rampent, des chauves-souris qui tourbillonnent. Quand le temps démolit un édifice, il fait en quelque sorte un tableau qui ne veut être considéré qu'à distance. Les grands artistes travaillent quelquefois à la manière du temps. Alors leurs œuvres demandent la perspective. Entrez dans la chapelle Sixtine à Rome; vous croirez, en effleurant la muraille, que Michel-Ange s'est contenté de la barbouiller d'un rouge terne semé sur un fond bleu cendré ; maintenant, éloignez-vous de quelques pas et regardez : c'est le jugement dernier.

On m'avait parlé du costume valaisan ; je ne rencontrai sur mon passage qu'une jeune fille qui l'eût conservé fidèlement. Les femmes ont en général adopté les modes françaises, et elles ont eu tort. Les chapeaux de nos dames servent moins les grâces et la beauté que ces larges rubans nuancés de vives couleurs et posés élégamment en forme de tour cannelée sur une couronne de satin aux mille plis. Mais si le costume national est rare à Martigny, en revanche les goîtres et les crétins y abondent. Il est impossible de voyager dans le Valais sans être frappé de la fréquence de ces deux infirmités. Les goîtres sont d'une grosseur étonnante ; le corps semble s'affaisser sous leur poids : les femmes en sont plus particulièrement atteintes, et il paraît qu'ils grossissent avec l'âge, car celui des vieilles devient monstrueux. Les auteurs en ont longuement cherché la cause. Dans une séance du congrès scientifique tenu à Lyon le 5 septembre 1841, on a lu une lettre du docteur Prevost de Genève qui l'attribue à l'absence du brome et de l'iode dans certaines sources. Le crétin, c'est l'homme sans l'intelligence et sans la force. Chez lui, le physique et le moral pèchent par défaut de développement ; machine difforme, agissant plutôt par instinct que par réflexion, sa principale occupation est de tendre silencieusement la main aux voyageurs. La science s'est aussi beaucoup occupée de ces êtres malheureux, et c'est une croyance populaire dans le Valais qu'ils portent bonheur à leur famille. J'aime mieux croire qu'un père et qu'une mère acceptent ce partage comme une punition du ciel.

Dans le courant de la journée, ma femme se trouva mieux. En rentrant à l'hôtel je la trouvai debout et disposée à se remettre en route dès le lendemain. Le chef des guides fut mandé. Nous convînmes qu'un char serait à notre porte à six heures du matin. J'ai critiqué l'institution des guides du Prieuré, mais je dois rendre justice à celle des guides de Martigny. Nul d'entre eux n'a été constitué guide par ordonnance, et ils sont tous tenus de posséder en propre les mulets qu'ils fournissent aux voyageurs: aussi sont-ils généralement intelligents, et leurs montures ne donnent pas la moindre prise à la critique.

Martigny que j'avais vu si morne, si languissant pendant le jour, devint presque gai à 9 heures du soir. Assises sur le seuil de leurs portes, les femmes étaient occupées à dépouiller le lin de son enveloppe ligneuse. La partie inutile de la plante servait d'aliment à un feu allumé au pied de chaque groupe. La place publique se trouvait ainsi renfermée dans un cercle de flammes. Bon nombre de jolis visages valaisans se faisaient remarquer en dehors du carré; on entendait même des propos animés, et des éclats de rire. Une voix finit par imposer silence à toutes les autres. Elle chanta je ne sais quelle vieille légende sur un air qui ne manquait pas de charme. On applaudit vivement. Martigny dont l'engourdissement, la tristesse et la décadence m'avaient frappé il y avait quelques heures, semblait vouloir ressusciter.

CHAPITRE XVII.

Histoire du Mont Saint-Bernard.

Avant de nous mettre en route pour le grand Saint-Bernard, racontons son histoire en quelques pages. On a souvent entendu parler des dangers qu'offre ce passage redouté : l'on ne sera pas fâché, je pense, de savoir quels grands personnages et quelles armées l'ont franchi à diverses époques. L'histoire de l'hospice auquel il doit une partie de sa célébrité s'y lie naturellement, et celle-ci réveille trop d'idées de dévouement et de courage pour qu'elle ne présente pas quelque intérêt.

Les Alpes Pennines, dont une partie porte le nom

de Mont-Saint-Bernard, et qui forment une des ceintures du Valais, sont coupées du nord au sud-est par un défilé qui part de Martigny-le-Bourg et aboutit à la vallée d'Aoste. Le défilé monte en pente plus ou moins inclinée depuis Martigny-le-Bourg jusqu'à l'hospice, et descend en contre-pente rapide depuis l'hospice jusqu'à la vallée. La route qui est tracée dans l'enfoncement est constamment dominée de chaque côté par les montagnes, celles qui sont les plus voisines de Martigny-le-Bourg et d'Aoste, boisées ou cultivées; celles qui se rapprochent de l'hospice, stériles et nues. Les Romains fréquentaient ce passage avant même le siècle d'Auguste. A cette époque, son point culminant était appelé *Mons-Jovis*. Plus tard, et par corruption, on lui donna le nom de Mont-Joux. Il y existait un temple consacré à Jupiter Pennin, et un petit hospice desservi par les prêtres de ce dieu. La statue qui décorait le temple portait cette inscription : *Lucilius Deo Pennino optimo maximo donum dedit*. Vers le milieu du siècle dernier, le philosophe de Ferney imitait Lucilius quand il faisait graver sur le fronton de sa chapelle : *Deo erexit Voltaire*. Mais Lucilius était un païen, et il lui était permis de traiter d'égal à égal avec un dieu à qui Rome donnait toutes les faiblesses de l'humanité. Dans les débris du temple on a trouvé un grand nombre d'*Ex-voto* gravés sur des plaqnes de bronze qui attestent que l'ascension du Mont-Joux a passé de tout temps pour une entreprise périlleuse. Sur quelques-uns le nom de Pennin est écrit par OE. Comme ce mot, dérivé du celtique *Pen*, qui signifie une chose élevée, ne se voit nulle part ailleurs écrit de cette manière, des antiquaires en ont conclu qu'il signifiait là *Carthaginois ;* que le Jupiter adoré sur cette montagne était un dieu de Carthage ; qu'Annibal était entré par ce passage en Italie, et que c'était lui qui avait érigé le temple et le petit hospice. Cette opinion était généralement reçue du temps de Tite-Live. Il fut le premier à la combattre. Mais Pline qui vint après lui, l'adopta de nouveau. Il est vrai qu'il ne prit nul souci de réfuter les motifs qui avaient mis Tite-Live dans le cas de la rejeter. Selon M. de Saussure, on peut à la rigueur se rendre raison de cette différence d'orthographe entre *Penninus* et *Pœninus*. Les *Ex-voto* qui portent la première doivent avoir été consacrés par ceux qui donnaient au temple et à l'hospice une origine romaine, et ceux qui portent la seconde, par les savants voyageurs du temps ancien qui voulaient absolument leur donner une origine carthaginoise. Quant à moi, je prends parti contre ces derniers. Je ne veux pas qu'Annibal ait passé par le grand Saint-Bernard ; il est vrai que je ne veux pas non plus qu'il ait passé par le Mont - Cenis comme le soutient Tite-Live, ou par le petit Saint-Bernard dans la Tarentaise, comme le soutiennent tant d'autres. Mais puisqu'il faut absolument qu'il franchisse les Alpes, je vais lui donner un passage qui n'exigera, pour ainsi dire, de ses légions qu'une seule enjambée. Je prends le grand capitaine sur les bords du lac du Bourget, au pied du Mont-du-Chat, et je le conduis dans la vallée de Chamounix. Arrivé au Prieuré, il passe l'Arve sur des troncs de mélèzes ou de sapins et il pousse droit aux sources de l'Arveyron. Traversant ensuite les vallées ascendantes occupées par le glacier des bois, la mer de glace et l'extrémité inférieure des glaciers de Léchaud et de Tacul, il contourne à mi-hauteur les Périades : puis s'élevant sur le sommet des montagnes qui sont au midi de celle-ci, il s'écrie : Italie ! Italie ! Encore quatre ou cinq heures de marche et il campe dans le district de Cormayeur, près de ces souterrains de construction romaine, dont on voit encore, aujourd'hui, quelques restes. Quant aux difficultés provenant du glacier des bois, de la mer de glace, du Léchaud et du Tacul, je les supprime avec Bourrit. Ecoutons à ce sujet le chantre de la cathédrale de Genève, posté sur le Montanvert. Il voit se dérouler à ses pieds la vallée qu'occupe la mer de glace. « C'est derrière » cette vallée, dit-il alors, qu'est situé le district de » Cormayeur, pays peuplé et fertile de la vallée » d'Aoste ; sa distance de Chamounix n'est tout au » plus que de huit lieues ; or, la tradition des habi- » tants des deux pays porte, qu'autrefois ils se com- » muniquaient en passant par le milieu de la vallée » de glace ; et le greffier de Chamounix que j'ai cité, » entre les mains duquel sont les anciens documents, » me l'a confirmé, en ajoutant que sa vallée était an- » ciennement du ressort de Cormayeur, dénomina- » tion qui, selon lui, dérive de Cour majeure, parce » que c'était là que se tenaient les assises des juges » et que les procès des Chamouniards se terminaient. » A ce témoignage j'ajouterai celui du sieur Patience » de la grande maison de Cormayeur, lequel étant » monté à la chasse des bouquetins du côté du Mont- » Vallet, découvrit les environs de notre glacière » par une gorge qu'il estime avoir été l'ancien pas- » sage. D'après ces témoignages, il faut en conclure,

» qu'autrefois elle était moins affreuse, moins sau-
» vage et moins couverte de glaces. On peut se la
» représenter comme tant d'autres vallées moins éle-
» vées, où il n'est pas rare de voir des pâturages et
» des endroits étant encore tout près des champs
» de glaces, de neiges et des débris des rochers. On
» pourrait se la figurer aussi, couverte de neiges
» pendant la plus grande partie de l'année, mais
» débarrassée, découverte pendant deux mois par
» les ardentes chaleurs de l'été ; telle est encore l'Al-
» lée-Blanche par où l'on pénètre encore aujour-
» d'hui de Chamounix à Cormayeur. Les glaces se
» seront donc augmentées, non tout à coup, mais in-
» sensiblement ; des sommités elles seront descen-
» dues dans la plaine, se pressant les unes les autres,
» se précipitant et s'accumulant dans les gorges où
» étaient les anciens passages, et ces gorges com-
» blées par le temps, se seront élevées et auront pré-
» senté un rempart de glace à ceux qui voulaient
» tenter de les franchir. Telles sont les causes qui
» auront changé la face de cette vallée et fermé pour
» toujours les chemins qui conduisaient à la vallée
» d'Aoste. »

La citation qui précède, justifie suffisamment, ce me semble, l'opinion que je soutiens. Car du moment qu'il existait un chemin entre le Prieuré et Cormayeur, Annibal ne pouvait mieux faire que de s'en servir pour traverser les Alpes : c'était le plus court et le plus facile. Du reste, cette opinion ne s'oppose pas à ce que les amateurs du merveilleux essaient de faire dissoudre par les soldats carthaginois d'énormes blocs de rochers en les arrosant de vinaigre. Il y a là des masses de granit qui peuvent servir à l'expérience. Mais je préviens ces amateurs que je n'entends nullement me mêler de cette opération, car je doute fort de la réussite. Je n'admets même pas qu'Annibal l'ait tentée. Platon et Aristote nous ont appris qu'une loi de Carthage défendait à l'armée de boire du vin. Les soldats en campagne étaient à l'eau, mais dans les circonstances extraordinaires, lorsqu'on exigeait d'eux quelques pénibles travaux, on les rafraîchissait en mêlant un peu de vinaigre à cette boisson économique. Il en résulta que le vinaigre devint une des provisions ordinaires de l'armée. Annibal, au passage des Alpes, en fit sans doute une copieuse distribution à ses soldats. Et c'est évidemment ce fait si simple qui a donné naissance à une fable absurde. On a pris au sens propre ce qui se disait au figuré.

On me pardonnera cette digression, en faveur de Rome et de Carthage. Je reprends mon histoire.

Auguste, à son avénement, comprit l'importance de ce passage sous le rapport militaire. Il le fit élargir, et depuis cette époque les légions romaines qui se rendaient dans les Gaules et la Germanie ne cessèrent de le fréquenter.

Aulus Cœcina marchant contre l'empereur Othon, le traversa en l'an 69.

Vers l'an 339, Constantin le jeune fit abattre le temple en haine du culte de Jupiter. La statue de ce dieu fut réduite en poussière. Une colonne milliaire dédiée au prince la remplaça. Cette colonne existe encore à Saint-Pierre-le-Joux ; le n° 24 qu'elle porte prouve qu'elle occupait le sommet du passage, si toutefois Antonin et Peutinger ne se sont pas trompés en disant que la 24e milliaire était établie *in summo Pennino.* Elle porte bien aussi une inscription en l'honneur de Constantin, pieux, heureux, invincible et divin ; j'en fais grâce au lecteur. Constantin, en ordonnant la démolition du temple, respecta l'hospice ; mais chassé du temple, Jupiter se réfugia dans ce modeste édifice et continua d'y être adoré.

En 547 une armée de Lombards traversa à son tour le Mont-Saint-Bernard. Peu d'années après le culte de Jupiter fut définitivement aboli dans l'hospice. Des religieux chargés d'exercer l'hospitalité envers les voyageurs, vinrent s'y établir. En 851, ils avaient pour chef Hermann qui fut fait évêque de Lausane.

En 775, Charlemagne préparait une expédition en Italie ; il rassembla son armée à Genève, tint plusieurs conseils de guerre et jura par son épée longue et plate, la terrible *Joyeuse*, de détrôner Didier son beau-père ; de joindre le titre de roi des Lombards à celui de roi des Français. Il divisa ses troupes en deux corps et pénétra en Italie par le Mont-Cenis à la tête du premier. Le duc Bernard, son oncle, obtint le commandement du second et se mit en marche par le Mont-Joux. Parvenu à 300 pas environ de l'hospice, son palefroi refusa obstinément d'avancer. Les varlets de pieds se mirent à le piquer, aiguillonner et déchirer ; il n'en resta pas moins immobile comme un terme. Bernard porta alors la main à son front et se mit à réfléchir ; au bout d'un quart-d'heure de méditation, il tressaillit comme un homme soudainement frappé d'une idée à laquelle il attache un grand prix. Constantin, en faisant abattre le temple de Jupiter, avait oublié d'enlever à Mont-Joux son nom païen, et Bernard ne douta pas que l'immobilité de son palefroi ne fût un véritable prodige dont le sens mystérieux était que Dieu lui enjoignait de réparer l'oubli de Constantin. Aussitôt il mit pied à terre, fit trois génuflexions et promit de pourfendre le premier qui s'aviserait de prononcer à l'avenir le nom de Mont-Joux. Au même instant le palefroi hennit, et sans excitation aucune se remit en marche pour l'hospice. Ce que voyant, le duc en attribua le mérite à la promesse qu'il venait de faire et se signa dévotement. Mais on prétend qu'un jeune page qui le suivait trouva une autre explication à ce qui venait de se passer. Le duc était de robuste corpulence et son armure pesait pour le moins autant que lui : d'où le page conclut malicieusement que le palefroi s'était arrêté par excès de fatigue et qu'il avait retrouvé la force de se mouvoir dès qu'il avait été débarrassé de son cavalier. Quoi qu'il en soit, le Mont-Joux devint le Mont-Bernard. La réputation de l'hospice s'étendit au loin. Lothaire II, roi de Lorraine, se réserva expressément l'*hôpital de Saint-Bernard* dans un traité de 859, par lequel il céda à son frère, l'empereur Louis II, Genève, Lausane et Sion. Mais il paraît que de 859 à 962 les religieux ne furent pas heureux. L'édifice menaçait ruine, et, leurs modiques ressources ne leur permettant pas de le réparer, il finit par s'écrouler.

Alors vivait saint Bernard, originaire d'Annecy, de la famille noble de Menthon, homme de foi vive et de charité ardente ; il entreprit de relever un établissement qui avait rendu tant de services à l'humanité. Mais il ne jugea pas à propos de le rebâtir sur la place même de l'ancien. Il en jeta les fondements sur le point culminant du passage, et le nouvel hospice ne tarda pas à s'ouvrir aux voyageurs. Mais ce nom d'hospice cessa de lui appartenir et ne lui fut plus donné que par un effet de l'habitude. Saint Bernard en fit un monastère desservi par des chanoines réguliers de Saint-Augustin qu'il dirigea pendant quarante ans avec le titre de prévôt : l'exercice de l'hospitalité fut inscrit au nombre de leurs premiers devoirs. La même règle subsiste encore aujourd'hui dans toute sa vigueur.

En 1049, le pape Léon IX allant en Allemagne s'arrêta une nuit au monastère. En reconnaissance des soins qu'il y reçut, le comte Frédérich de Ferrette, son cousin, en tira les premiers chanoines qui desservirent dans sa ville de Ferret en Sundgau, la prévôté des chanoines réguliers de Saint-Augustin. Frédéric Barberousse vint y loger en 1106. Un demi-siècle après, les flammes consumèrent l'édifice. Il fut bientôt reconstruit : mais on eut à regretter la perte irréparable des archives.

Le monastère, magnifiquement doté dans l'origine par saint Bernard, était arrivé en 1460 au plus haut degré d'opulence : il avait environ 80 bénéfices, prieurés, cures, châteaux ou fermes, sans compter des redevances annuelles fort considérables, et il possédait des terres en Suisse, en Savoie, en Sicile, dans la Pouille, dans les Pays-Bas et jusqu'en Angleterre. Tant de richesses attirèrent l'attention des papes, et ils s'arrogèrent le droit de nommer des prévôts commanditaires qui ne résidaient point dans le monastère. Cet état de choses dura jusqu'en 1587, époque à laquelle on rétablit des prévôts religieux à résidence : mais ceux-ci ne parvinrent pas à faire rentrer dans la communauté tous les biens qui en étaient sortis par la négligence des prévôts commanditaires, ou par les aliénations qu'ils avaient faites.

Au commencement du XVIIIe siècle, la congrégation était composée de religieux de différentes nations, particulièrement de Suisses et de sujets du roi de Sardaigne. La discorde se glissa parmi eux au sujet de la nomination du prévôt. Bientôt leurs souverains s'en mêlèrent. Le roi de Sardaigne et l'état de Valais prétendirent légalement à cette nomination. Rome jugea, après une délibération qui ne dura pas moins de 17 ans. Benoît XIV, par une bulle du 14 août 1752, laissa aux religieux Suisses la liberté de se choisir un prévôt de leur corps, avec charge d'exercer l'hospitalité comme auparavant, mais en même temps il dépouilla le monastère de tous les biens qu'il possédait dans les états du roi de Sardaigne.

En 1771 et en 1772, une grande disette de grains affligeait la Suisse et une partie de la France ; il vint d'Italie, par ce passage, une quantité considérable de blé et de riz. On vit alors jusqu'à 300 mulets chargés le traverser dans un seul jour.

En 1798 l'hospice, car c'est ainsi que je continuerai à l'appeler pour me conformer à l'habitude, reçut une garnison de 180 Français. En 1799 les Autrichiens le tournèrent, mais après un combat sanglant, nos soldats restèrent maîtres de la montagne. En 1800, l'armée française qui opérait en Italie était coupée. Masséna venait de se concentrer dans Gênes, Suchet s'était retiré derrière le Var, et le général autrichien Mélas était arrivé à Nice avec 30 mille hommes. Bonaparte, ce capitaine au coup-d'œil d'aigle, réunit à la hâte un corps d'armée, fond sur l'Italie par le mont Saint-Bernard, et gagne, un mois après, la fameuse bataille de Marengo. Ce passage du mont Saint-Bernard, par l'armée française sous les ordres du premier consul, a été célébré de toutes les manières. La gravure, la peinture, la poésie, le théâtre même, s'en sont emparés comme d'un événement tenant du merveilleux. Si l'on considère cependant que la route avait été tracée par les légions romaines, les armées des Lombards et les troupes de Charlemagne, on peut dire que la gloire de Bonaparte consiste moins à avoir franchi ce mont avec 30 mille hommes d'infanterie et de cavalerie, qu'à l'avoir choisi à propos pour tomber sur les derrières de Mélas. Le passage de l'artillerie excite seul un sentiment d'admiration. A partir de Saint-Pierre-Mont-Joux il était impossible de se servir de chevaux ou de mulets pour traîner les canons et les obusiers : on les démonta et on les plaça dans des troncs d'arbres creusés en auge. Cent soldats s'attelèrent à chaque bouche à feu. Quand les pièces furent arrivées à Etroubles, village situé sur le versant méridional du Mont, le premier consul voulut distribuer mille francs pour chaque canon et chaque obusier ainsi amené heureusement à sa destination. Les soldats refusèrent noblement cette récompense.

Aujourd'hui la route n'est plus battue que par le courrier du Piémont, les touristes, quelques habitants de la vallée d'Aoste et du Bas-Valais qui veulent communiquer entre eux, et les pèlerins qui se rendent à l'hospice dans les jours de grande solennité; mais si le projet qui existe de l'agrandir et de la rendre praticable aux voitures vient à se réaliser, elle enlèvera au Simplon une grande partie des voyageurs.

Toutes les montagnes qui composent cette partie des Alpes pennines ont un nom particulier ; il n'en existe aucune qui porte spécialement celui de Saint-Bernard ; leur réunion formait autrefois le Mont-Joux, et elle forme aujourd'hui le Mont Saint Bernard.

Cette histoire ne serait pas complète si elle ne contenait quelques renseignements sur la constitution de l'hospice. Les religieux qui le desservent sont des chanoines réguliers de Saint-Augustin, successeurs de ceux qui y furent installés par saint Bernard, et leur supérieur porte encore le titre de Prévôt : il est crossé et mitré, et reçoit ses bulles du pape après qu'il a été élu par le chapitre : il réside à Martigny avec le procureur et les chanoines infirmes ou convalescents. Le procureur pourvoit aux besoins de l'hospice, dirige la culture des terres, tient les archives et soutient les procès. La communauté de l'hospice est gouvernée par un prieur claustral ; les autres offices sont ceux de sacristain, de clavandier et d'infirmier. Le sacristain prend soin de l'église, le clavandier s'occupe de la nourriture des religieux et des voyageurs, l'infirmier veille au chevet des malades.

La communauté ne possède plus que quelques terres dans le Bas-Valais, et cependant elle est tenue, comme dans le temps de son opulence, de recueillir, loger et héberger gratuitement tous les voyageurs qui se présentent. Ses frais, qui ne sont couverts qu'à l'aide des collectes qu'elle fait en Suisse, et des dons volontaires des étrangers, sont considérables, car on est forcé d'apporter de fort loin, à dos de mulets, toutes les provisions et le bois à brûler. Le nombre des religieux varie de 15 à 20. Depuis le mois de mai jusqu'au mois de novembre ils se répandent dans les environs de l'hospice accompagnés de domestiques appelés Marronniers, et de ces chiens dont tout le monde a parlé, excepté Buffon. Ils recueillent le voyageur égaré dans la route au milieu des neiges et des brouillards, l'arrachent au perfide sommeil qui le conduirait à la mort, et lui prodiguent les soins d'une charité ardente et ingénieuse; quelquefois aussi, avertis par les aboiements des chiens, ils sondent la neige avec un long bâton, et disputent à l'avalanche le malheureux qu'elle a couvert de ses débris. Peu d'hivers sont exempts de semblables événements. Un des plus terribles eut lieu le neuf mars 1838. Le courrier et dix voyageurs piémontais partirent de St-Remy au lever du jour : le ciel était serein, mais il était tombé la veille une grande quantité de neige. A moitié chemin de l'hospice une énorme avalanche entraîna neuf de ces malheureux au fond de la vallée : les religieux et les marronniers accoururent ; ils parvinrent à en retirer deux de l'abîme, mais ils avaient cessé de vivre; les cadavres des sept autres ne furent retrouvés que longtemps après.

Quelles récompenses espèrent ces hommes qui passent leur jeunesse dans la région des neiges éternelles, et se dévouent pendant sept mois de l'année aux plus terribles dangers par amour pour leurs semblables ; qui, chrétiens et catholiques fervents, ne demandent pas à celui qui frappe à leur porte le culte qu'il professe ; qui, pauvres et tendant la main dans les cantons de la Suisse, exercent gratuitement l'hospitalité envers tous les âges et toutes les conditions ? Quand le climat aura usé les ressorts de leur existence, le prévôt leur donnera une cure dans un de ces tristes villages du Bas-Valais, qui se cachent dans le creux des vallons des Alpes Pennines ; et lorsque la mort viendra les délivrer d'une vie tourmentée par les infirmités et les souffrances, Dieu leur assignera une place dans le ciel à côté des apôtres de l'humanité.

CHAPITRE XVIII.

Départ de Martigny — Orsières — Liddes — Saint-Pierre-Mont-Joux — Le Plan-du-Prou.

Il faut quitter Martigny de grand matin quand on veut faire, en un seul jour, l'ascension du mont Saint-Bernard. On peut même arriver à l'hospice d'assez bonne heure pour le visiter dans tous ses détails et parcourir avant la nuit ses environs. Le lendemain on revient coucher à Martigny et l'on pousse, si l'on veut, jusqu'à Saint-Maurice ou à Sion. Nous montâmes en char vers les cinq heures, après avoir fait de tendres adieux à notre ami l'anglais qui se dirigeait vers Thun, et lui avoir promis d'aller bientôt le rejoindre. Le ciel était d'une pureté remarquable qui promettait une belle journée; nous éprouvions une joie indicible en songeant que nous allions parcourir des lieux célèbres où notre imagination nous avait si souvent devancés.

Nous retournâmes à Martigny-le-Bourg, et dix minutes plus loin, nous entrâmes dans un vallon coupant à angle droit le chemin de la Forclaz que nous avions descendu l'avant-veille. Ce vallon est le premier du côté nord, d'une succession de vallons qui, sous des noms divers, forment le défilé dont j'ai déjà parlé; leur largeur moyenne est d'environ deux cents pas. La Dranse naît près de l'hospice et suit tous ceux compris entre ce point et Martigny-le-Bourg. Un poète ne pourrait se dispenser de donner à cette rivière l'épithète d'écumeuse. Ses eaux qui roulent sur des pierres calcaires entremêlées de rochers granitiques tombés de la grande chaîne des Alpes, disparaissent sous un nuage d'écume. La route remonte tantôt sa rive droite, tantôt sa rive gauche.

Nous traversâmes successivement les hameaux de Brochard, des Valettes et le bourg de Bouvernier. Après ce bourg, le vallon se resserre tellement qu'il a fallu percer le mont Forit pour donner une issue à la route. Elle passe sous un souterrain de 65 mètres de longueur nommé *Galerie de la monnaie*, à cause du droit qu'on percevait autrefois à l'entrée. Le mont parsemé çà et là de bouquets d'arbustes, la Dranse qui murmurait à sa base, un pont de bois vers lequel se dirigeait une jeune fille conduisant un troupeau, une plate-bande de verdure s'allongeant entre la rivière et le chemin, la teinte vive de la lumière qui colorait les objets et l'orifice obscur du souterrain, tout cela formait un si joli paysage que nous nous demandâmes si nous étions bien dans le terrible passage du mont Saint-Bernard. Il est vrai que depuis ce moment un pareil doute ne pouvait plus nous venir : la nature avait déposé ses grâces à l'entrée du souterrain.

Le bourg de Saint-Branchier est à un quart de lieue plus loin, à l'entrée du Val d'Entremont et au confluent de celui de Bagnes. Les monts Armancy, Levron, Pierre-à-Voie, Lorsey, Crettes, Larpoloz et Catogne semblent prêts à fondre sur lui ; les trois premier du côté de l'est, les quatre derniers du côté de l'ouest. On aperçoit des ruines sur deux éminences. Celles-ci formaient autrefois un château-fort, si vaste qu'il put donner asile à l'empereur Sigismond et à huit cents gentilshommes de sa suite. Celles-là sont les vestiges du château-fort d'Étiez où les Valaisans forcèrent l'évêque Jost à reconnaître leur indépendance. Dans le nombre des habitants actuels de Saint-Branchier, combien peu paraissent avoir conservé le dépôt de ces traditions destinées à se perdre peut-être avant que le temps ait dispersé les dernières pierres des deux monuments !

Après avoir dépassé Saint-Branchier, on marche sur un roc calcaire feuilleté, dont la couleur et la nature varient fréquemment; on en voit du gris grossier, du bleuâtre semblable au marbre bleu turquin, et d'autre mêlé d'un mica argenté. Mais on commence à se lasser de ces deux rangs de montagnes dans lesquelles on est emprisonné. Heureusement le mont Velan apparaît tout à coup, au fond de l'horizon, et l'attention que l'on porte à cette crête couverte de neige comme le pic de Tacul aide à supporter sans trop d'ennui le chemin qui reste à faire pour atteindre Orsières, le plus considérable de tous les bourgs situés entre Martigny et l'hospice. La Dranse le partage en deux parties à peu près égales ; ses rues suivent la pente du vallon. Au dessus de la porte de chaque maison on lit sous une croix formée de deux barres, le nom de son propriétaire et l'année où elle a été construite. C'est un titre qui parle à tous les yeux ; le maçon qui l'a négligemment barbouillé a fait office de notaire. Quand la maison change de maître le nom du nouveau possesseur est substitué à l'ancien. Vous entrez dans le bourg par une place publique, au haut de laquelle l'hôtel du grand Saint-Bernard déploie son enseigne; un homme de fort bonne mine, vêtu simplement mais avec propreté, le chef couvert d'un chapeau de paille blanc, s'y promène en long et en large un livre à la main; vous remarquez que les feuillets ne volent pas sous ses doigts et que ses regards s'attachent complaisamment sur votre char. A peine avez-vous mis pied à terre qu'il vous aborde avec autant d'aisance que si vous étiez des connaissances de vieille date : c'est M. Vernay, aubergiste du grand Saint-Bernard. Dans nos grandes villes le voyageur qui descend de diligence est entouré d'une foule de recruteurs, hommes ou enfants, qui tous, une carte à la main, le harcellent, le fatiguent de leurs gestes, de leurs cris, et se l'arrachent en quelque sorte. A Orsières, M. Vernay fait ses affaires lui-même et les fait avec une courtoisie et une convenance parfaites. Cela vaut infiniment mieux. Il nous proposa de nous faire servir à déjeuner ; malheureusement nous n'avions pas quitté Martigny à jeûn et nous fûmes forcés de refuser ; mais il ne s'en offensa nullement, et sa réponse fut un modèle d'urbanité. Après nous avoir assuré qu'il était charmé de notre refus, parce que, pris à l'improviste, peut-être n'aurait-il pas réalisé nos espérances, il ajouta que si nous voulions lui faire l'honneur de nous reposer dans son hôtel le lendemain au retour de l'hospice, il osait se flatter de nous offrir un repas digne de nos mérites. On ne résiste pas à de pareilles manières. Nous promîmes sans hésiter, et il nous conduisit dans une petite prairie qui s'incline en pente douce entre la montagne voisine et le bourg; là il nous apprit bien des particularités locales. Nous sûmes que le mont Catogne qui s'élevait sur notre droite, était un composé de calcaire, et que cependant on y trouvait un large bloc de granit venu on ne sait d'où ; que les montagnes qui entourent Orsières et l'enferment comme un fond d'entonnoir, étaient autrefois entièrement boisées et peuplées d'ours; que de là est venu le nom d'Orsières : qu'aussi bien les armoiries du bourg portaient un ours comme celles de Berne, ce qui peut-être allumerait un jour la guerre entre le canton de Berne et celui du Valais. Enfin, il nous vanta longuement la beauté d'un pont de pierres qu'on venait de construire sur la Dranse, en substitution d'un misérable pont de bois qui avait fait longtemps la honte du pays, et il n'hésita pas à prédire que désormais on viendrait le visiter comme on allait visiter ceux de La Caille et de Fribourg. Nous n'eûmes pas la moindre envie de faire connaissance avec le bloc de granit du mont Catogne, d'autant que nous le soupçonnâmes tout simplement frère de ceux qui embarrassent le cours de la Dranse, d'où la conclusion qu'il n'était pas tombé du ciel comme l'augurait M. Vernay, mais bien de la grande chaîne des Alpes. Quant aux armoiries d'Orsières, n'étant pas natifs de Berne, nous n'avions ni à contester leur origine ni à leur chercher querelle. Mais autre chose était le fameux pont; cette merveille méritait notre empressement; nous quittâmes donc la prairie. La rue principale nous conduisit à la Dranse, que l'on traverse sur un pont de pierre d'une apparence fort ordinaire. Nous demandons le pont nouvellement construit, c'était précisément celui que nous venions de traverser. Nous avions vu la merveille sans nous en douter; c'était la faute de M. Vernay qui l'avait quelque peu flattée. Au lieu de passer notre temps à contempler ce monument, destiné à attirer tant d'étrangers à Orsières, nous allâmes visiter l'église. Oh! pour le coup voici bien la merveille du pays! Forme-t-elle un rectangle, un trapèze, une ellipse? Je ne sais, et l'architecte, si architecte il y a eu, n'en sait probablement pas plus que moi. Il a bâti un mur, puis deux ou trois autres, au hasard, sans se préoccuper de leur point de rencontre : il en est résulté qu'il s'est trouvé entre ces murs un espace vide d'une forme quelconque, et c'est cet espace qui sert d'église. Des orgues à deux claviers excitèrent en nous un autre genre de surprise. Si l'architecture est un peu négligée à Orsières, peut-être la musique y est-elle cultivée avec plus de succès; car enfin, cet instrument est dans toutes les conditions de l'art! Mais où prend-on l'argent à Orsières pour faire vivre un organiste? le pays est si pauvre! Quand nous fûmes de retour sur la place publique, M. Vernay nous donna des renseignements sur l'orgue avec cette grâce qu'on lui connaît. L'église est desservie par un curé et un vicaire. Les dimanches et fêtes le curé récite la première messe et accompagne sur l'instrument le vicaire qui chante la seconde. Le digne homme cumule ainsi les fonctions de curé et d'organiste; hâtons-nous d'ajouter à sa louange qu'il n'en cumule pas les traitements.

Il fallait partir : deux chemins conduisent d'Orsières à l'hospice; le premier qui suit le Val d'Entremont passe par Liddes et Saint-Pierre et l'on peut faire en char les deux lieues qui séparent Orsières de Liddes. Le second passe par le Val de Ferret et laisse voir le magnifique spectacle du Mont-Blanc. Malheureusement il n'est praticable d'un bout à l'autre qu'à dos de mulet. Un voyageur bien avisé, — et j'écris ceci pour ceux qui me suivront, — ne doit pas balancer de monter à l'hospice par le premier. Il fera ainsi deux lieues de plus en char; si le mauvais temps, qu'il est impossible d'affronter dans le val de Ferret, le force à retourner par le même chemin, il reprendra son char à Liddes. Or deux lieues soustraites en montant au dos de mulet et peut-être deux en descendant, valent bien la peine d'entrer dans les combinaisons d'une excursion si fatigante. Supposons qu'un ciel calme et serein lui permette de descendre par le val de Ferret; arrivé à Orsières il s'installera à l'hôtel du grand Saint-Bernard, déjeûnera, causera avec M. Vernay, et pendant ce temps, un bon Valaisan ira, moyennant légère récompense, lui ramener le char qu'il aura laissé la veille, à Liddes. Tout aura été pour le mieux.

Pourquoi M. Vernay ne nous donna-t-il pas ce conseil? pourquoi nous parla-t-il du retour par le val de Ferret sans nous avertir que, six jours sur sept, les brouillards, la pluie, la neige et les vents interdisent cette route? Pourquoi enfin insista-t-il avec tant de force pour nous faire laisser notre char à Orsières? Voulait-il en le retenant vingt-quatre heures se créer un gage de la promesse que nous lui avions faite au sujet du déjeuner du lendemain? Nous avons eu quelquefois cette mauvaise pensée, mais toujours nous l'avons chassée comme attentatoire à la haute considération qui est due à l'honorable aubergiste. Tout bien considéré, nous avons fini par croire qu'il était dans ses goûts de préférer le dos de mulet qui brise les reins au char de montagne qui se contente de les secouer, et nous n'avons plus trouvé dès lors aucun reproche à lui adresser; il est vrai qu'il s'agissait des nôtres et non des siens, mais qu'importe! Nous eûmes le malheur de suivre ses conseils. Nous laissons notre char sous sa remise et nous enfourchons nos mulets. Au sortir du bourg la route est magnifique et gravit, en décrivant une courbe, la côte dont la pente est habilement ménagée. Le guide nous la fit quitter pour prendre le plus perfide des raccourcis. Figurez-vous un sentier à peine battu, s'élevant à peu près perpendiculairement sur un terrain qui s'éboule à chaque pas ; toute la vigueur de nos mulets ne les empêchait pas de s'abattre. Vingt fois nous nous vîmes sur le point d'être désarçonnés et lancés d'un seul bond sur le toit des maisons d'Orsières! Petit voyage aérien, tout à fait inattendu dont nous aurions été redevables aux bons conseils de M. Vernay. Arrivés au haut de la rampe, nous fîmes le serment que jamais guide suisse ou savoisien ne nous reprendrait plus dans un raccourci.

Belle satisfaction, en effet, de jouer sa vie pour épargner cinq ou six minutes sur la marche d'une journée !

Le ciel qui, à notre départ, nous avait beaucoup promis, nous tenait parole au delà de nos espérances. Déjà, avant Orsières, le soleil avait commencé à nous incommoder. Ses rayons finirent par devenir tellement ardents qu'il fallut songer à nous en garantir; d'un parapluie à une ombrelle il n'y a plus guère que le nom, nous nous résignâmes à ouvrir nos parapluies. Nous ne les avions pas apportés pour un pareil usage; mais aussi pourquoi les voyageurs historiens ne savent-ils parler que de pluie ou de neige dans leurs excursions au Mont-St-Bernard? Quant à moi je déclare qu'on jouit, le premier septembre, au val d'Entremont, d'un horizon radieux, splendide et d'une chaleur suffocante. Nous traversâmes ainsi le hameau de Fontaine, celui de Roate et le bourg de Liddes : de ce bourg à celui de Saint-Pierre-Mont-Joux la route est encore large, et son état de dégradation est le seul obstacle à la circulation des chars; un chariot à quatre petites roues chargé de denrées s'en accommodait pourtant fort bien. A un quart de lieue de Liddes l'ombre d'une petite chapelle nous engagea à faire halte à côté d'un groupe de paysans qui prenaient leur repas sur la pelouse. En regardant la partie de la route que nous venions de parcourir, nous avions à l'ouest la montagne de Bavon dont nous étions séparés par la Dranse qui roulait dans un précipice; à l'est, la cime du Mont Chandon, sur la croupe duquel nous étions assis; et nous apercevions au nord, dans un enfoncement lointain, la fumée des toits d'Orsières qui s'élevait en ondoyant sur les flancs du mont Catogne. Des mulets indomptés sillonnaient le Chandon; des chèvres attelées à des charrues labouraient la cime du Bavon sous la conduite de jeunes femmes. La terre est tellement meuble et facile à travailler sur quelques points de cette partie du Valais qu'elle n'exige pas l'emploi d'une force supérieure à celle de ces animaux. Le site n'était pas précisément beau, mais du moins les regards pouvaient-ils plonger entre la double ligne des montagnes jusque sur Orsières, et quand on voyage dans un défilé c'est une bonne fortune. Le guide étala nos provisions sur le tapis de verdure, nous en fîmes trois parts : une pour lui, une pour les paysans qui nous avaient fait place à l'ombre de la chapelle, la moindre nous resta. Les repas sur l'herbe sont fertiles en inconvénients de plus d'une sorte, mais celui-ci eut son bon côté. Le guide poussait, en vidant nos bouteilles, des exclamations de sensualité fort réjouissantes, et nos voisins les Valaisans dévoraient avec tant de vivacité le morceau de bœuf venu de Martigny que c'était vraiment plaisir à voir. Au bout d'une demi-heure ces braves gens se remirent à l'ouvrage et nous remontâmes sur nos mulets. Bientôt nous vîmes venir à nous les deux femmes que nous avions laissées l'avant-veille à la descente de la Forclaz. Pendant notre séjour à Martigny elles avaient fait l'excursion du grand Saint-Bernard, et elles en redescendaient toujours à pied et le bissac sur les épaules. Pour cette fois le simple salut de politesse ne suffisait plus : nous leur adressâmes quelques paroles et elles nous apprirent leur histoire; c'était, comme nous l'avions jugé, la mère et la fille : elles demeuraient à Annecy. Pendant une maladie qu'elles avaient faite à peu près en même temps, elles s'étaient mises sous la protection de sainte Faustine, et avaient promis, si elles recouvraient la santé, d'aller prier sur son tombeau que l'on conserve dans la chapelle de l'hospice. Au moment d'accomplir ce pèlerinage elles en avaient compris les difficultés; ne possédant rien, ne vivant que du travail de leurs mains, il leur avait fallu l'entreprendre à pied et se promettre de n'y employer que bien peu de temps, mais ces obstacles ne les avaient pas découragées; leur reconnaissance pour l'intercession de sainte Faustine leur avait donné des forces inespérées; aussi avaient-elles fait route jusqu'à l'hospice sans séjourner, et comptaient-elles retourner de même à Annecy. La foi, qui transporte les montagnes, avait aidé ces deux frêles créatures à franchir le mont Saint-Bernard.

Nous laissâmes derrière nous le hameau de Palajoie, puis celui d'Allève, remarquable par ses séchoirs de fèves assez semblables à des potences, et nous arrivâmes à Saint-Pierre-Mont-Joux. Ce bourg ressemble à celui de Liddes ; ils sont horribles l'un et l'autre, et bâtis, comme Orsières, sur la pente du vallon : les mulets glissent à chaque pas sur le pavé inégal de leur unique rue perpétuellement mouillée par l'eau qui s'échappe des fontaines. Vous n'y rencontrez presque pas d'hommes; quant aux femmes, le petit nombre de celles qui se mettent aux fenêtres pour vous voir passer ne donne pas lieu de regretter que les autres ne se montrent pas. Si les habitants sont fort peu soigneux de leurs personnes, il est juste de reconnaître qu'ils le sont beaucoup plus d'un petit jardin placé en avant de leurs habitations; des dahlias d'un éclat admirable y formaient des massifs pourpres, violets., blancs, roses, diaprés. Mais à peine osions-nous porter les regards sur cette magnifique parure, tant nous craignions de rencontrer les sales masures qui leur servent d'abri; qu'on se figure une pauvre vieille femme toute couverte de haillons et parée d'un bouquet des plus belles fleurs? Nous allâmes visiter la vingt-quatrième milliaire; comment a-t-elle été transportée là de la plus haute gorge du Saint-Bernard? c'est ce que personne ne sait et ne peut expliquer.

Saint-Pierre-Mont-Joux était autrefois défendu par une muraille surmontée de créneaux et percée de meurtrières; nous en vîmes les vestiges près d'un torrent qui descend en cascades du glacier de Valsorey et que l'on traverse sur un pont de bois. La route s'engagea bientôt dans une forêt de mélèzes sur le penchant d'un abîme au fond duquel mugissait la Dranse: on nomme ce passage le défilé de Cherrayre. Au sortir du défilé quelqnes maigres pâturages nous conduisirent à un terrain plat nommé le Plan-du-Prou; sur la gauche et au dessus de ce terrain on remarque le glacier de Ménone dominé par la cime du Velan. Nous étions à 1760 mètres au dessus du niveau de la mer.

Jusqu'ici le passage du mont Saint-Bernard ne nous avait point paru bien terrible. Nous nous en étions fait, en partant de France, une bien autre idée: rien qu'à y songer, nous sentions le frisson courir dans tous nos membres; et nous venions de trouver une route belle et bien entretenue jusqu'à Liddes; très-supportable de Liddes à Saint-Pierre-

Mont-Joux, et incomparablement moins mauvaise, de ce dernier bourg au Plan-du-Prou, que ne l'est celle du passage de la Tête-Noire et de la descente de la Forclaz. Nous avions semé cette route de torrents épouvantables et de précipices à donner le vertige, et ceux que nous avions vus n'avaient rien de terrible ni de menaçant. Au lieu de la glace et de la neige que nous nous apprêtions à braver, nous avions failli fondre sous les rayons d'un soleil ardent. Nous nous attendions à un désert, à une campagne stérile, à des monts gris et chauves, à des escarpements presque inaccessibles, à des points de vue étranges, à des perspectives lointaines ; et nous avions traversé des hameaux, des bourgs, des vallons fertiles ; nous avions marché entre des montagnes éclatantes de verdure, sur des pentes généralement peu inclinées; nous avions considéré avec complaisance un charmant paysage à l'entrée du souterrain de la Monnaie, et nulle part nous n'avions trouvé de sites fantastiques ; nulle part nous n'avions découvert de panoramas vaporeux se confondant avec le ciel aux limites de l'horizon. Enfin, nous avions craint une infinité de dangers parmi lesquels nous avions compté, en première ligne, la terrible avalanche, et nous n'en avions pas couru un seul. S'il nous avait pris envie de rebrousser chemin et d'aller coucher, la nuit venue, à Martigny, nous aurions rapporté en France une bien mauvaise idée du grand Saint-Bernard : nous traiterions maintenant de fables tout ce que les écrivains anciens et modernes ont dit des difficultés qu'il présente et des périls que l'on y court. Mais, depuis que nous avons quitté Saint-Pierre-Mont-Joux, les champs cultivés et la verdure sont devenus plus rares ; la nature a perdu insensiblement de sa vigueur ; les mélèses et les sapins ont peu à peu diminué de hauteur ; l'épine-vinette a presque disparu des bords du chemin. Le soleil est devenu supportable, et nos parapluies ont repris leur place dans notre bagage. Devant nous un vallon vient de s'ouvrir, sombre, sauvage, presque nu, digne de servir d'avenue à une contrée frappée de désolation. Peut-être la route de Martigny au Plan-du-Prou a-t-elle par vanité usurpé le nom de passage du grand Saint-Bernard : peut-être ce passage ne commence-t-il réellement qu'au Plan-du-Prou ? Nous ne sommes plus qu'à deux lieues de l'hospice : avançons, dussions-nous, au lieu de rocs pelés et de frimats, ne trouver que campagnes riantes comme les bords de la Loire, et une température aussi douce que celle de l'Italie.

CHAPITRE XIX.

Le vallon du Prou — Défilé de Marengo — Vacherie de l'Hospice — Bâtiments voûtés — Arrivée à l'Hospice — La chapelle des morts.

Le vallon sombre et sauvage dont je viens de parler est celui du Prou. Les montagnes entre lesquelles il est encaissé ne laissent entre elles qu'un espace de cent cinquante pas. Elles sont décharnées, hérissées de blocs de rochers qui se sont détachés de leur sommet et qui rouleront bientôt à leur base. Une mousse d'un vert grisâtre leur donne un aspect singulier. Des suintements d'une eau claire et limpide s'échappent des fissures qui les coupent dans le sens vertical. Des cascatelles en jaillissent çà et là et vont se perdre dans la Dranse qui roule à droite du chemin.

Sur la croupe la plus rapprochée de l'entrée du vallon se montrent encore quelques sapins, mais petits et noués ; un peu plus loin, ils disparaissent entièrement. Le lit du vallon est un composé de cailloutage et de terre végétale recouvert de lichen et de bandes de gazon mince et court. On y remarque quelques campanules dont le calice bleu penche vers le sol ; quelques rhododendrons sans fleurs qui végètent à l'abri d'une pierre. La Cantine, petit bâtiment à l'est de la route, où l'on accueille le voyageur surpris par l'orage ou brisé par la fatigue, est adossée à la montagne. Nul ne serait tenté de s'en approcher, hors le cas de nécessité absolue ; elle ne dépare pas le site qui l'environne.

A partir de ce bâtiment, la route ne consiste plus qu'en un étroit sentier dont la trace disparaît de temps à autre. Une barre de rochers semble fermer le fond du vallon : mais le sentier contournant brusquement à l'ouest conduit à un passage resserré entre la Dranse et la montagne ; c'est le défilé de Marengo. Cinquante hommes y arrêteraient toute une armée. On en sort pour entrer dans un vallon aussi triste que celui du Prou. La Dranse semble dès ce moment prendre plaisir à se rouler en zigzags pour couper de quart d'heure en quart d'heure le sentier qui devient toujours plus rude. Il faut la franchir vingt fois sur des ponts auprès desquels l'ancien pont de bois d'Orsières était sans doute un chef-d'œuvre d'élégance et de solidité. On s'est borné à placer quatre troncs de sapins les uns à côté des autres sans songer à les assujettir à un lien commun. Si le premier venait à glisser, tout l'édifice le suivrait. On traverse à pied les premiers que l'on rencontre ; mais on finit par se lasser de descendre perpétuellement de son mulet, et peut-être aussi par s'habituer à l'aspect du danger : au cinquième ou au sixième „on ne quitte plus la selle, et l'on s'en rapporte à la Providence.

A une petite demi-lieue du défilé de Marengo, le vallon s'élargit, et quelques pâturages se montrent à droite sur le versant de la montagne : c'est là que se trouve la vacherie de l'hospice ; un nombreux troupeau y paissait sous la conduite de deux bergers ; notre guide les interpella par quelques mots dont nous ne comprîmes pas le sens. La réponse lui revint rauque et sourde comme le son d'un écho lointain.

Nous ne nous étions pas trompés : le passage du mont Saint-Bernard ne commence réellement qu'au vallon du Prou ; depuis ce vallon plus d'arbres ni d'arbustes. Sous nos pieds des rochers ; pour horizon encore des rochers. Toutes ces masses sont formées de quartz fragile blanc, entremêlé de couches minces de mica brun, presque pur ; leurs feuillets parallèles entre eux, font un effet singulier : on dirait une pierre rayée de blanc et de brun. Les pâturages de la vacherie et le Plan des Dames, dont je parlerai bientôt, ne sont qu'une exception dans cette nature morne et stérile.

Les passages difficiles, périlleux se multipliaient, la neige couronnait les montagnes ; nous concevions ses ravages quand, ramollie par les chaleurs de l'été et tombant en avalanches dans les vallons, elle surprend le voyageur qui ne peut fuir d'aucun côté. Le soleil semblait avoir perdu ses rayons. Nous devenions sérieux, mais nous éprouvions quelque satisfaction à nous trouver enfin dans des sites tels que notre imagination s'était plu à les rêver. A dix minutes de la vacherie, l'aspect de deux bâtiments voûtés, et enfoncés dans le sol jusqu'à mi-hauteur, ajouta à ces impressions. Ces deux bâtiments résument tout à la fois la mission de charité qu'accomplissent les religieux de l'hospice, et les malheurs sur lesquels elle s'exerce. Le plus rapproché du sentier n'a qu'une large ouverture cintrée qui ne se ferme jamais : c'est là que pendant l'hiver deux *marronniers* viennent dès le matin attendre les voyageurs ; le soir, en partant, ils y laissent du pain, du vin, des cordiaux et des couvertures. Plus d'un malheureux a dû la vie à cette sage précaution. L'autre bâtiment est fermé, il ne s'ouvre que pour recevoir le cadavre de ceux qui ont succombé dans les environs à la rigueur du froid, ou qui ont été broyés par l'avalanche : une fenêtre grillée permet d'en apercevoir l'intérieur. En nous approchant nous vîmes des membres mutilés, des vêtements en lambeaux, des cheveux épars et tachés de sang. Scit que notre imagination, frappée de ce spectacle, nous montrât les objets sous des couleurs plus sombres, soit qu'au delà de ces bâtiments la nature emprunte en effet des teintes encore plus tristes, des formes encore plus âpres, dès ce moment le mont Saint-Bernard, qui n'avait commencé à justifier notre attente qu'à partir de la Cantine, la dépassa de bien loin. Nous en faisions la remarque, quand nous arrivâmes sur un point où il est assez difficile de ne pas philosopher. Le sentier était autrefois tracé sur le bord même de la Dranse; deux personnes à pied ne pouvaient y passer de front sans que la plus rapprochée de l'eau ne courût risque d'y tomber. Bonaparte avait pris à St-Pierre-Mont-Joux un guide du nom de Pierre Dorsaz : ce guide marchait constamment à son côté. Parvenu sur ce point, le cheval de Bonaparte, effrayé par les mugissements de la rivière, se cabra violemment : le cavalier perdit l'équilibre, Pierre Dorsaz le reçut dans ses bras : un défaut d'adresse, de force ou de présence d'esprit de la part de cet homme, et le premier consul avait la Dranse pour cercueil ! Que lirions-nous maintenant dans les annales du monde à la place de ces grandes pages qu'il y traça du bout du son épée?

A peu de distance de ce passage, on trouve un petit terrain uni, couvert d'un pâle gazon et de flaques de neige auquel le guide donna le nom de Plan-des-Dames ; à l'extrémité de ce terrain, le vallon forme un grand arc qui se recourbe vers l'ouest, et monte en pente fortement inclinée. Il faut avoir vu les masses de rocs nus, mélangés de quartz et de mica, qui l'étreignent de droite et de gauche, les bizarres dentelures de leurs crêtes, les saillies difformes de leurs croupes, pour comprendre tout ce qu'il y a d'étrange dans cette solitude. Le silence n'était interrompu que par le piétinement de nos mulets, et par les sifflements aigus des marmottes. L'air était de glace, et le soleil, qui disparaissait derrière la montagne, nous laissait dans l'ombre. Le sentier est taillé en corniche sur les rochers : il serpente au gré de leurs mille aspérités; mais peu à peu le lit du vallon, qui s'élève, vient regagner son niveau. Arrivés sur ce point, nous ne vîmes plus devant nous qu'un champ de neige occupant toute l'étendue du vallon. Il n'y avait que deux partis à prendre : franchir ce dangereux passage ou rebrousser chemin. Le premier avait quelque chose d'inquiétant, et nous hésitions ; le second ne pouvait guère être accepté par des gens venus de si loin et qui s'attendaient à toucher prochainement le but. En ce moment nous entendîmes dans l'éloignement les aboiements d'un chien, et, levant les yeux, nous aperçûmes au fond du vallon, derrière une éminence de rochers, le toit d'un grand édifice : c'était celui de l'hospice.

Je ne saurais dire quelle émotion nous éprouvâmes à cet aspect. Voilà l'habitation la plus élevée de l'Europe ! voilà ce lieu si souvent cité dans les annales de la charité chrétienne : un peu de courage, et l'hospitalité nous en ouvrira les portes, et nous jugerons par nous-mêmes de la véracité des récits qui ont excité si puissamment notre intérêt, frappé si vivement notre imagination ! Plus d'hésitation : nous traversâmes le champ de neige.

Heureusement, nous n'eûmes pas à nous repentir de notre audace : pas la moindre crevasse sur notre passage ! pas la moindre voûte de glace s'écroulant sur nos pas ! Les mulets n'enfonçaient que jusqu'au jarret, le guide que jusqu'aux genoux. Nous avancions comme on avance en pareil cas : lentement, péniblement, mais enfin nous avancions ; quelquefois cependant le guide et les mulets s'arrêtaient pour reprendre haleine, et nous restions immobiles au milieu de cette plaine, d'un blanc mat, légèrement ridée. Deux oiseaux, la Niverole et l'Accenteur des Alpes, vinrent voltiger sur notre tête ; après plusieurs tours, ils s'éloignèrent en rasant la neige, et allèrent s'abattre devant nous, exactement dans la direction de l'hospice. La Providence les a-t-elle fait naître dans ces montagnes pour indiquer la route du salut aux voyageurs égarés ? Nous quittâmes la ligne que nous suivions, et nous prîmes celle qu'ils nous avaient tracée ; à peine avions-nous fait dix pas que nous pouvions déjà nous en applaudir : le guide et les mulets n'enfonçaient presque plus, la marche devenait facile ; nous mîmes deux fois moins de temps à traverser la seconde partie du champ de neige que nous n'en avions mis à traverser la première, et nous arrivâmes à l'extrémité sans aucun accident fâcheux. Chasseurs des Alpes, respectez la Niverole et l'Accenteur !

Le toit de l'hospice s'était caché derrière l'éminence de rochers. Nous nous trouvions sur la croupe de la montagne, à l'entrée d'un chemin de cinq à six mètres de largeur, grossièrement pavé ; nos mulets glissaient à chaque pas, et comme nous n'étions plus qu'à une faible distance de l'hospice, nous nous décidâmes à faire le reste du trajet à pied. Ce ne fut pas sans peine. A la fatigue qui aurait suffi pour ralentir notre marche, étaient venus se joindre les effets de la rareté de l'air : notre pouls battait rapidement, notre respiration était gênée, et il nous semblait que tout tournait autour de nous ; un repos de quelques minutes nous devenait souvent indispensable. Heureusement chaque halte diminuait l'intensité des symptômes que nous éprouvions ; quand nous fûmes parvenus au haut de la rampe, ils étaient déjà considérablement affaiblis ; mais nous n'en fûmes absolument quittes que le lendemain, à mesure que nous commençâmes à redescendre la montagne.

Il était quatre heures, et nous avions marché huit heures depuis notre départ de Martigny ; nous n'étions plus qu'à cent cinquante pas de l'hospice. Avant d'en franchir le seuil, donnons une idée de sa position et de l'aspect de ses environs.

Du moment où l'on est sorti de la voie montueuse et pavée, on entre dans une gorge étroite ayant environ 200 pas de longueur, au milieu de laquelle la route, large et unie, court en ligne droite. L'hospice, précédé d'un bâtiment qui sert de magasin, est bâti sur le côté gauche de la route : il forme un vaste carré, régulièrement percé, mais dépourvu de toute espèce d'ornements; on y monte par un perron de quelques marches. Derrière lui, à 30 pas de distance, on aperçoit la chapelle des morts. Immédiatement après s'élève une montagne de rochers taillés à pic, nommée Monmort. En face de l'hospice une autre montagne de rochers également taillés à pic, la Chenalette vient presque effleurer le côté droit de la route. Dans l'un de ses évasements on a construit un quatrième bâtiment renfermant quelques chambres à coucher : un de ses angles est opposé directement à la montagne, et sert à briser les avalanches qui en descendent ; avant qu'on eût élevé cet obstacle, elles traversaient la route et allaient entasser leurs débris devant la porte de l'hospice.

A quelques pas de ce dernier édifice la gorge s'ouvre et la contre-pente commence brusque et rapide. Les regards plongent dans un bassin d'une demi-lieue de tour, occupé par un lac dont la route va côtoyer la rive droite. Ce lac repose sur un lit d'ardoises, aucun poisson n'habite ses ondes, on l'a nommé le Lac-Mort. Au dessus de la route, sur le flanc presque vertical de la Chenalette, un canal recouvert de larges dalles amène l'eau à l'hospice. Les religieux font de ce sentier leur promenade habituelle. Contre les parois des rochers qui le soutiennent, quelques terre-pleins, présentant chacun une surface carrée de 3 à 4 mètres, forment ce qu'on est convenu d'appeler les jardins de l'hospice ; de la mi-août à la mi-septembre on y cueille quelques choux et quelques salades. Au delà du lac la vue s'arrête sur un horizon de rochers s'arrondissant en cirque.

Quand on se place au pied du perron de l'hospice on éprouve un sentiment de surprise qui pour un moment fait taire toute autre sensation. Devant et derrière vous s'élèvent les deux montagnes qui forment la gorge. A droite et à gauche les extrémités des deux routes opposées de la Suisse et du Piémont, soutenues horizontalement au même niveau, dérobent tout à la fois à votre vue le vallon couvert de neige et le bassin occupé par le Lac-Mort. L'œil, trompé par la disparition de ces grandes ouvertures, croit voir les montagnes se rapprocher de la gorge et en fermer les issues. Vous vous étiez attendu à découvrir de l'hospice un immense horizon, et si vous ne saviez que vous êtes à 2493 mètres au dessus du niveau de la mer, vous vous croiriez enseveli dans un bas-fond entouré de gigantesques remparts. De tous les côtés la vue ne rencontre que masses de rochers d'un gris sombre marquetés de plaques de mousses ou bariolés de bandes de neige.

A peine étions-nous entrés dans la gorge que nous fûmes entourés par les chiens accourus à notre rencontre; ils sont d'une haute stature, leur tête est carrée, leur mufle tient de celui du dogue ; ils vous suivent en vous regardant fixement comme s'ils voulaient scruter votre pensée. Je ne doute pas qu'ils ne méritent tous les éloges qu'on leur a donnés; mais il en est deux parmi eux que ma qualité de fidèle historien me force de dénoncer à l'opinion : le premier, compagnon assidu des religieux pendant l'hiver, aime à rôder pendant l'été à deux ou trois lieues de l'hospice; malheur au troupeau qui se trouve sur son passage! le vagabond se conduit comme le ferait un loup-cervier; atteint et convaincu de plusieurs méfaits on l'a condamné à traîner une lourde pièce de bois qui fait office d'un boulet de forçat; il n'y a pas moyen, avec un pareil attirail, d'aller au loin se livrer au meurtre et à la rapine; le second avait saisi par les dents la robe de ma femme et voulait bon gré mal gré entraîner celle-ci je ne sais où; peut-être la prenait-il pour un voyageur égaré dans sa route; s'il en est ainsi, son intelligence est loin d'être irréprochable; et de même que son frère, le condamné au boulet, il ne fait pas honneur à sa race. Un *marronnier* vint lui faire lâcher prise et nous conduisit dans une petite chambre à deux lits très-convenablemeut meublée, dont l'unique fenêtre, dépourvue de contrevents et de volets, prend un jour oblique sur le Lac-Mort. Nous n'étions ni transis, ni gelés, car nous nous étions réchauffés en montant la voie pavée; ni mouillés, car nous n'avions pas essuyé une seule goutte de pluie; mais nous étions brisés. Pour la centième fois depuis que nous visitions les Alpes, la plus accablante fatigue céda facilement à quelques instants de repos; il ne nous fallut qu'un quart d'heure pour retrouver toutes nos forces, et nous descendîmes au réfectoire où deux religieux nous attendaient. Jeunes hommes de trente à trente-cinq ans, ils avaient apporté sous le camail cette facilité de langage, cette grâce et cette simplicité qui font le caractère distinctif de la bonne éducation : instruits l'un et l'autre, ils nous donnaient les renseignements que nous demandions en termes précis, sans chercher à faire devant nous un vain étalage de science. Si nous parlions de leur admirable dévouement, de leurs dangers, de leur existence promptement usée par l'effet de la rareté de l'air et l'âpreté du climat, ils nous répondaient en souriant qu'ils habitaient l'hospice depuis près de huit ans, qu'ils en connaissaient si bien tous les environs que leur dévouement était sans périls, et qu'ils n'avaient cessé de jouir d'une santé satisfaisante. A les entendre, il n'y avait ni mérite, ni motif de louanges dans une abnégation surhumaine, dans une charité inépuisable. Nous avions été vivement frappés de l'aspect du mont Saint-Bernard, mais nous ne l'étions pas moins des manières et de la conversation de ces religieux. Nous les suivîmes successivement à l'église, au cabinet de médailles, à la bibliothèque et dans l'intérieur de l'hospice.

Il faut descendre dix à douze marches pour arriver à l'église qui s'enfonce dans le sol. Le chœur qui est séparé de la nef par une balustrade en fer en occupe la moitié. Il est orné d'un tableau de l'Assomption et de deux statues, l'une représentant saint Augustin, l'autre saint Bernard. Quatre colonnes de marbre noir surmontent le maître-autel. Des statues de bon goût complètent l'ensemble de cette partie de l'édifice. Le tombeau du général Desaix occupe le côté gauche de la nef. Ce morceau de sculpture est dû au ciseau de Moitte. La figure du général expirant et celle de son aide de camp Lebrun sont d'un bel effet; le cheval pourrait prêter à la critique. La religion conserve avec soin ce monument, tandis que la colonne élevée par Bonaparte à son frère d'armes dans la plaine de Marengo a disparu depuis longtemps. De l'autre côté de la nef, en face du tombeau du général, on voit celui de sainte Faustine. L'effigie de la Sainte est en cire ; elle repose, couronnée de roses blanches, dans une modeste châsse au dessus de laquelle on lit : *Corpus sanctæ Faustinæ M. Neronis persecutione.* Ainsi, un grand capitaine et une jeune fille martyre en présence! Lequel des deux, dans leurs destinées si différentes, déploya plus de constance et de courage ? C'est une idée grave et haute d'avoir placé ces tombeaux l'un en face de l'autre. A la tribune, nous trouvâmes des orgues, mais nous n'en fûmes pas surpris ; n'en avions-nous pas vu à l'église d'Orsières ?

Le cabinet des médailles n'est séparé du réfectoire que par une cloison. On y trouve quelques tableaux et une assez grande quantité de figurines et d'*ex-voto* ramassés dans les débris du temple de Jupiter. Il y a aussi une collection intéressante de plantes, d'insectes et de minéraux des Alpes.

La bibliothèque est dans un des étages supérieurs. Tous les rayons sont remplis, et bon nombre d'ouvrages n'ont pu y trouver place ; ils restent entassés sur une grande table. Le premier volume de l'*Indifférence en matière de Religion* y figure à côté du *Génie du Christianisme.*

L'intérieur de l'hospice n'offre d'ailleurs rien de remarquable. Les cuisines, les caves, le bûcher sont enfoncés dans le sol, au niveau de l'église. Le réfectoire et les chambres destinées aux guides, aux colporteurs, aux paysans, aux crétins forment le rez-de-chaussée. Les étages supérieurs sont traversés par de longs corridors où aboutissent les chambres des autres voyageurs et celles des religieux. Les unes sont séparées des autres par une grille en fer qui se ferme pendant la nuit. Du mois de juin au mois d'octobre, les cuisines préparent tous les jours à manger pour soixante personnes. Le nombre des religieux variant de quinze à vingt, et celui des marronniers de sept à huit, il s'ensuit que durant quatre mois trente-six personnes, terme moyen, reçoivent chaque jour l'hospitalité au monastère.

Je voulus visiter la chapelle des morts. Les cadavres gelés et debout sont exposés tout autour de la muraille. L'air est si froid et si peu favorable à la putréfaction, qu'après deux ou trois ans, ils sont encore reconnaissables. On ne saurait leur donner une autre sépulture là où il n'y a çà et là que quelques rares et légères couches de terre couvertes de neige pendant la plus grande partie de l'année. Quand vient le jour de la décomposition, les ossements disloqués s'écroulent tout à coup sur le pavé et font place autour des murs à d'autres cadavres. Je ne saurais décrire les sensations qu'on éprouve à l'aspect de la mort se montrant ainsi sous les formes et les apparences de la vie. Il me sembla un moment que la pâle phalange s'était levée pour me recevoir, et que des voix sourdes étaient prêtes à répondre au premier mot qui sortirait de ma bouche. La diversité d'attitudes était faite pour produire cette redoutable illusion. La plupart des cadavres avaient conservé leur position perpendiculaire. Mais quelques-uns penchaient sur le côté, et quelques autres ployaient en avant. Leur immobilité fit bientôt évanouir le prestige ; la réalité reparut aussi triste que l'illusion. Je m'éloignai, et, trouvant ma femme à dix pas de la chambre des morts, je la félicitai d'avoir résisté à la curiosité qui m'y avait poussé.

CHAPITRE XX.

Le Lac-Mort — Les ruines du temple de Jupiter— Départ de l'Hospice.

Il faisait encore grand jour quand je sortis de la chapelle des morts ; le froid était devenu plus intense, mais l'air était parfaitement calme ; nous n'en étions pas incommodés. Nous suivîmes les religieux sur le canal voûté qui leur sert de promenade, et, après avoir considéré un moment leurs pauvres jardins, nous descendîmes sur les bords du Lac-Mort, pour aller visiter les ruines du temple de Jupiter.

L'aspect du lac vu de sa rive droite est tout ce qu'on peut imaginer de plus fantastiquement sombre. Les montagnes d'alentour et les murs de l'hospice s'y reflètent en teintes lugubres comme ses ondes qui, reposant sur la pierre brune, en empruntent la couleur. Les lignes du bâtiment de l'hospice, celles des crêtes et des accidents des montagnes sont tracées en noir et accompagnées d'un filet jaune terne qui leur sert de transition. Vous diriez l'effet d'une immense chambre obscure. Quelquefois des rides se forment sur le lac. Alors les angles se brisent, les contours s'aplatissent, se mêlent et s'effacent : tout devient méconnaissable, les dessins de l'architecte et les dispositions de la nature. Vous ne voyez plus qu'un mélange confus d'images tracées au hasard, par un pinceau trempé dans l'encre de Chine et l'ocre pâle, sur une surface gris de plomb.

A moitié de la longueur du lac, et à dix pas loin de sa rive, une colonne et deux pierres plates, portant l'une les armoiries des évêques du Valais, l'autre celles du roi de Sardaigne, forment les limites de la Suisse et du Piémont. Un peu au delà, on quitte la route, et, obliquant à gauche, on arrive au Plan de Jupiter ; terrain plat qui fait face à l'hospice dont il n'est séparé que par le lac. C'est là qu'était bâti le temple. Ces briques éparses sur le sol s'élevaient en murailles, en corniches, s'alignaient en ornements. Le ciseau a évidemment taillé ces rochers pour former une ouverture. Les Romains, en arrivant d'Italie, entraient par là dans l'enceinte sacrée ; cet escalier conduisait dans l'appartement des prêtres et le seuil de cette porte donnait accès sur le lac. L'hospice devait être adossé au temple. Bâti en avant, il aurait porté sur des croupes pendantes de rochers : en arrière, ses fondations auraient plongé dans le lac ; à droite ou à gauche, il aurait été trop rapproché des montagnes, et les avalanches l'auraient fréquemment atteint. On rebâtirait aisément les deux édifices sur les indications que fournissent les localités. J'ai rapporté du Plan de Jupiter quelques morceaux de briques et quelques minces fragments de corniches ; ni la science, ni la curiosité ne les rechercheraient ; mais j'y attache un grand prix, parce qu'ils me rappellent une journée pleine d'émotions.

A l'extrémité du Plan de Jupiter, un rocher en mamelon supporte une croix de pierre de six pieds environ de hauteur. Ses formes lourdes et massives sont moins un défaut de goût qu'une nécessité de sa position ; elle ne pouvait résister au choc des tempêtes qu'à cette condition. Du pied de la croix, le regard s'enfonce dans un vaste abîme au fond duquel la route du Piémont se fraie un passage à travers des massifs de rochers superposés en étages, qui semblent se rapprocher et se joindre, pour former une barrière infranchissable. On est étonné de la hardiesse de l'homme qui a trouvé un chemin là où le doigt de Dieu semblait avoir écrit : *Tu n'iras pas plus loin*. L'entrée de ce chemin ressemble à l'orifice d'une caverne. Nous en vîmes sortir une caravane composée de touristes et de dames montées sur des mulets. La distance diminuait tellement leurs proportions, que nous aurions pu les prendre pour des enfants de dix ans. Leur présence jeta quelque animation sur ce désert. A mesure qu'ils gravissaient la pente et se rapprochaient du point où nous étions, nous les voyions grossir insensiblement. Nous les saluâmes de la main, et le mouvement qui se manifesta parmi eux nous fit juger que nous leur étions apparus comme l'heureux augure d'une prompte arrivée à l'hospice, et d'un prochain repos.

On lit partout qu'il n'y a aucune espèce de végétation aux environs de l'hospice, pas même de la mousse et du gazon. Je suppose que ceux qui ont avancé ce fait n'ont visité le mont Saint-Bernard que durant les mois de l'année où il est enseveli sous la neige ; ou bien qu'ils ont voulu ajouter à la sauvage mélancolie du tableau, ce qui n'était nullement nécessaire. Sans tenir compte des jardins, qui prouveraient au besoin le contraire, on trouve le long du canal voûté, entre les concavités que forment les diverses inclinaisons des rochers, une couche de terre de cinq à six doigts d'épaisseur où verdoie un gazon tout émaillé de fleurs. Sur le Plan de Jupiter, on foule presque continuellement un gazon de même nature; il est seulement un peu plus court, parce qu'il est moins abrité. Je remarquai sur ce gazon la campanule bleue que l'on trouve partout ; la petite absynthe ; *l'iracinium montaneum* à pétales jaunes ; la pédiculaire, le *filandrium*, le *proliganum* et quelques variétés de saxifrages. La nature est femme ; si pauvre qu'elle soit, elle aime à se parer. Tout ce qu'on a écrit là dessus est donc exagéré. Ce que l'on a dit de l'absence de toute végétation ne peut s'appliquer qu'aux arbres et aux arbustes.

En retournant sur nos pas pour regagner l'hospice, nous fûmes témoins d'un des plus bizarres incidents du climat de cette contrée. Nous marchions les regards fixés vers le lac, quand une vapeur sombre et humide nous enveloppa tout à coup et nous plongea dans les ténèbres ; il ne fallut pas deux minutes pour opérer cette transition de la lumière à l'obscurité profonde. Le lac, l'hospice, le Plan de Jupiter, tout disparut autour de nous et sous nos pas. Nous restâmes immobiles, n'osant ni avancer, ni reculer. Les religieux que nous ne voyions pas, quoique nous les eussions à nos côtés, nous saisirent par le bras en nous invitant à les suivre. Ce qui nous arrivait pour la première fois, leur arrivait presque tous les jours, et l'habitude jointe à la parfaite connaissance des sinuosités du lac leur permettait de ne pas trop se mettre en peine de ce brusque changement d'atmosphère. Il ncus conduisirent exactement comme on eût conduit des aveugles. Le trajet nous parut long; mais leurs attentions redoublées, leur assurance et leur gaîté parvinrent à nous en dissimuler la tristesse. Je ne sais ce qu'il en serait arrivé s'ils ne nous avaient accompagnés dans notre excursion. Nous étions si près du Lac-Mort au moment où se fit la nuit subite ! Tout considéré, nous pouvons presque nous vanter d'avoir été sauvés par les religieux du mont Saint-Bernard. Nous trouvâmes dans le réfectoire la caravane que nous avions aperçue du Plan de Jupiter et quelques touristes arrivés après nous de Martigny. La table se couvrit de mets sinon délicats, du moins apprêtés avec soin. On n'est pas mieux servi dans la plupart des auberges des petits bourgs de la Suisse. Les religieux qui faisaient les honneurs du repas nous recommandèrent une salade cueillie dans leurs jardins. Nous y touchâmes tous. La politesse nous la fit trouver excellente.

Le feu pétillait. Le thermomètre qui, à quatre heures n'était pas tout à fait à la glace, marquait, quand nous quittâmes la table, quatre degrés au dessous de zéro. Nous fîmes cercle autour de la cheminée. Parmi les touristes derniers venus de Martigny, il y en avait un qu'il est impossible d'oublier. Le touriste qui se condamne à traverser à pied les montagnes est ordinairement un jeune homme à l'imagination d'artiste, qui cherche des émotions dans l'aspect des grandes scènes de le nature. Il veut voir, et pour lui, voir c'est sentir. Le nôtre faisait exception à la règle ; il ne voyait pas et ne sentait pas. Il marchait, voilà tout. Nous lui parlions de la cime du Velan, du vallon du Prou, de la vacherie, des deux petits bâtiments voûtés, de l'affreux désert qui précède l'hospice ; jamais homme plus étonné que lui, car il n'avait rien aperçu de tout cela. Concevez-vous une pareille machine, venant manger le pain des bons religieux? On l'attaquait de toutes parts. Quelqu'un lui demanda s'il visiterait le lendemain les ruines du temple de Jupiter : — Jupiter? répondit-il, je ne le connais pas. On l'assura alors, avec le plus grand sérieux, que c'était un ancien notable de la cité d'Aoste, et il se le tint pour dit. Au reste, nous avions été favorisés d'une société charmante, et si ce malencontreux personnage n'avait fait ombre au tableau, on aurait pu se croire dans un salon parisien du meilleur ton. On se sépara vers les dix heures du soir, et chacun gagna sa chambre. Le vent soufflait avec violence, la pluie battait contre les vitres de notre fenêtre. Je me sentis tout à coup transi de froid. Le frisson fiévreux circulait dans mes veines. Un lit moelleux et recouvert d'édredon ne parvint pas à me réchauffer. Il me semblait que j'étais étendu entre deux linceuls de glace, et je souffrais horriblement. Mais cet état ne fut pas de longue durée : une chaleur dévorante lui succéda. Je revis le lac, ses flots lugubres, les monts et leurs sauvages nudités, les murs rembrunis de l'hospice. La chapelle des morts s'ouvrit encore devant moi avec sa galerie de cadavres et son pavé d'ossements.

Tout à coup ces objets disparurent, ils firent place à des légions romaines, gravissant les défilés. J'entendis ensuite le pas des bataillons français, le piétinement des chevaux, le roulement des tambours. Vers le milieu de la nuit une transpiration abondante me débarrassa de toutes ces visions. Insensiblement mes yeux se fermèrent et je m'endormis. Quatre heures d'un profond sommeil rendirent à mon pouls toute sa régularité, et lorsque la cloche de l'hospice sonna l'office du matin, je ne conservais plus de cette nuit si agitée qu'un peu de faiblesse et de pénibles souvenirs. Mais il fut convenu que nous partirions immédiatement. Un second accès de fièvre pouvait se terminer moins heureusement que le premier, et je n'avais nulle envie de figurer dans la chapelle des morts.

En quittant la chambre, je demandai à un domestique ce que nous devions pour notre dépense. On m'avait bien dit que l'hospitalité se donnait gratuitement à l'hospice, et que si le voyageur jugeait à propos de faire une aumône, elle devait tomber mystérieusement dans un tronc suspendu à un pilastre de l'église. Mais je n'en crus pas moins convenable de faire cette démarche. Le domestique me répondit brièvement qu'on ne payait pas. Je crus qu'il allait me parler du tronc, il n'en fit rien, si bien, que si je n'avais pas connu cette circonstance, j'aurais quitté l'hospice sans y laisser trace de reconnaissance. Nous nous hâtâmes de nous rendre à l'église; et, après nous être approchés du tronc, nous allâmes nous agenouiller devant la balustrade du chœur. Les premières clartés du jour blanchissaient les vitraux de la nef. Les lampes du sanctuaire pâlissaient. Les statues de saint Augustin et de saint Bernard se détachaient de l'ombre qui couvrait encore le pourtour de l'édifice. Tout à coup la double ligne des religieux entonna les chants de la prière; l'orgue éclata en sons mélodieux, et en songeant que nulle voix humaine ne louait Dieu sur un point plus élevé du continent, nous crûmes un moment entendre les harpes du ciel répondre aux hymnes de la terre.

Notre projet était de redescendre le mont par le val de Ferret; mais la neige tombait à larges flocons, et le guide nous déclara qu'il était impossible de s'engager dans cette route. Nous nous résignâmes donc à reprendre celle que nous avions suivie la veille. Nous voulions du moins ne quitter l'hospice qu'après avoir fait nos adieux aux religieux. Les *marronniers* ne nous ne le conseillèrent pas. L'office n'était pas près de finir et il ne convenait pas d'attendre que la couche de neige qui commençait à couvrir le sol fût devenue plus épaisse. Cette raison était sans réplique, et nous partîmes emportant le regret de n'avoir pu remercier les religieux de leur bon et gracieux accueil. Mais qu'importent, après tout, à ces hommes de charité les vains remerciements de quelques inconnus qu'ils ne reverront jamais? Ils n'exercent l'hospitalité envers leurs semblables que par un sentiment d'amour divin. Pour eux, le voyageur est un envoyé de Dieu qui a besoin de leurs services, et c'est de Dieu seul qu'ils attendent leur récompense.

Nous ouvrîmes nos parapluies et nous nous mîmes à cheminer derrière nos mulets : il y aurait eu par trop d'imprudence à faire sur leur dos la descente de l'hospice à la Cantine. Arrivés à ce misérable taudis, nous étions aussi mouillés que si nous avions essuyé une pluie de plusieurs heures; poussée par le vent d'est, la neige n'avait cessé de tomber obliquement sur nos vêtements, elle s'y attachait d'abord et finissait par se fondre. Les parapluies garantissaient à peine nos têtes. Nous nous séchâmes autour d'un grand feu; c'est ce qu'il y a de meilleur à la Cantine. Il n'aurait tenu qu'à nous d'emporter une marmotte qu'on venait de tuer sur un sapin du voisinage ; mais M. Vernay nous attendait, et sa vanité eût souffert de cette précaution. A Liddes, la neige cessa enfin de tomber. Depuis la Cantine, les secousses de nos mulets nous avaient fait endurer un supplice affreux. On peut à la rigueur s'y résigner quand la route monte, mais quand elle descend ces secousses deviennent véritablement insupportables : autant vaudrait la question par l'eau ou le feu. Nous prîmes le parti de faire le trajet de Liddes à Orsières comme nous avions fait celui de l'hospice à la Cantine, nous reposant quelquefois sur le bord du chemin, et maudissant, régulièrement tous les vingt pas, les mauvais conseils de l'aubergiste, sans lesquels nous aurions retrouvé notre char à Liddes. Nous lui en fîmes des reproches en entrant dans l'hôtel du grand Saint-Bernard : il nous désarma avec un de ces déjeûners qui chassent la fatigue et la mauvaise humeur. Quatre heures après nous traversions Martigny d'où nous étions partis la veille, et nous nous dirigions vers Saint-Maurice pour aller rejoindre notre ami John Nick, à qui nous avions donné rendez-vous dans l'Oberland Bernois.

FIN.

TABLE.

FIN DE LA TABLE.

www.ingramcontent.com/pod-product-compliance
Ingram Content Group UK Ltd.
Pitfield, Milton Keynes, MK11 3LW, UK
UKHW022041190726
13855UKWH00002B/378